STONE OVEN BIBLE

石窯づくり早わかり

Sudo Akira
須藤 章

創森社

石窯ライフのすすめ～序に代えて～

大昔のある日、サルが木から下りた。

森を出た燎原《りょうげん》の地平には、炎が奔放に燃え盛っていた。

炎は畏《おそ》ろしくもあったが、凍える闇でも明るく暖かく護ってくれた。

そうしてなにより炎は、旨《うま》かった。

炎を畏《おそ》れ、ときに敬いながらサルは人間になった。

炎こそは、人間を人間たらしめた縁《よすが》なのだ。

＊

いま、私たちの周囲から生身の炎が見えなくなっている。

時代に炎の復権を求めて、この一冊を上梓するゆえんである。

＊

石窯《いしがま》とは、炎を伏せ馴らした人間の所業だ。

著者が石窯に取り組みはじめた頃には、まだ国内で知る人も少なかったが、昨今は各地で石窯を目にするようになってきた。

けれど手づくりの石窯は、まだまだ少ない。

石窯のすばらしさは、自分でデザインし、つくりあげるプロセスにこそある。お手軽な石窯キットやメーカーの画一的な既製品に頼るだけでは感動もおもしろさもなく、失礼を承知で言いきると、残るのは領収書だけである。

ささやかな手間を楽しみ、味わう余裕が私たちにはあるはずだ。

曲折する道のりも、おおいに歓迎しよう。

そのときこそ原石や薪《まき》や、炎が、なにかを語ってくれるだろう。

やがて生まれたオンリー・ワンの石窯の前で、家族はもちろん、気の合う仲間とテーブルを囲んでほしい。

人として生きる原点を噛《か》み締めてほしい。

*

この十数年間、全国各地で石窯づくりを勉強させていただいた方々、さらに製作の現場を共にさせていただいた皆様からは多大なご協力をいただきました。また、メールや郵便で石窯づくりに関する現場の声、写真、貴重なご質問を津々浦々からいただくことができました。このような積み重ねをもとにして本書をまとめることができたものであり、ここに記して皆様に心から感謝申し上げます。

２００９年　初夏

石窯製作室　須藤　章

石窯づくり 早わかり●もくじ

第2章　石窯づくりのザ・スタンダード　41

第3章　本式&個性派の石窯を求めて　67

第4章　石窯という装置の豊かさを生かす　85

STONE OVEN WORLD

手づくり石窯の真骨頂

使い勝手のいい手づくりの基本石窯(岩手県葛巻町・森と風のがっこう)

薪をゆっくりとたいらげる石窯

炎は何十年眺めても飽きない。至高の前菜

身近な素材を自由におおらかにこねて生地をつくる

ピザソースを塗り、好みのトッピングを控えめにするのがコツ

強火で一気に焼き上げた本格派のピザ

ピザ生地をピールで窯床へ押し込む

堂々の手づくり石窯

製作協力＝須藤　章

連続燃焼窯

石窯づくりワークショップ＝開催地・DHCネイチャービレッジ（千葉県神崎町）

④窯口の型枠を入れて耐火レンガを組み、さらに耐火セメントを全体にまんべんなく塗る

②木製円柱筒を入れ耐火セメントを流し込む

①合板などで窯本体の壁をかたどる

⑥完成間近のオリジナル連続燃焼窯

⑤焚き口付近の仕上げ塗り（耐火セメント）

③屋根になる部分の傾斜に合わせ、すきまが均等になるように耐火レンガを並べる

シンプル基本窯

田んぼの土など自然素材で本体をつくった石窯。土台は大谷石でできており、使いやすい高さになっている

連続燃焼窯

敷地の傾斜を生かしてつくった石窯。窯口側を奥にした小屋を設置。下部の副燃焼室におき火や新しい薪を入れることができる

大型の常設基本窯

耐火レンガや自然石、耐火セメントで築いた大型の基本窯。使い込まれて貫禄十分

STONE OVEN WORLD

手づくりの基本窯ができるまで

森と風のがっこう（岩手県葛巻町）　製作協力＝須藤　章

①土台を設置後、耐火レンガを水平に並べて焼き床をつくる（左側の壁は母屋の石壁）

②耐火レンガを並べ、窯本体を形づくる

③窯口の型枠を置き、上部に自然石を組み合わせて積む

④窯口まわりに耐火セメントを塗り込む

⑤本体の型枠となった土の上に濡れた新聞紙を貼りつけ、本体ドームを成形

⑥窯口の型枠を取り除いて空焚きを繰り返すと、一般的な基本窯の完成

⑦断熱効果のため、水平線を張って赤レンガの外壁を丹念につくる

⑧外壁を備えた基本窯の完成

STONE OVEN WORLD

圧巻の石窯料理

熱々のローストビーフを切り分ける

ローストビーフの焼き上がりは、約30分

レーズンやクルミがたっぷり入ったハード系は定番

ローズマリーを添えると、本格ローストビーフのできあがり

どっしりと重厚なライ麦パン。低めの温度でじっくり焼き込む

余熱でカボチャを丸ごと焼く。しっとりとした食感で甘みが増している

自家製のイチゴを練り込んで焼いたイチゴパン（すどう農園）

70秒の瞬間芸。直焼きピザは慣れたら挑戦したい

定番の焼き芋、トウモロコシ、ニンニクなどにも応用できる

序章

石窯の仕組みと種類いろいろ

ワークショップの石窯製作（上部が本体ドーム）

石窯の仕組みと基本構造

本体と焼き床

石窯《いしがま》の世界はシンプルだが深い。ただの道具と片づけられない何か、人間の歴史に寄り添ってきた等身大の深遠がある。

◆壺《つぼ》の縦割りみたいなものを横に寝かせる。
◆中で火を焚《た》いて熱くする。
◆頃合を見て、灰やおき火をかき出す。
◆熱い窯《かま》が発する放射熱(遠赤外線)で調理する。

バリエーションはあるが、以上が基本。壺状の物体を、これ以降は本体、もしくは本体ドームと呼ぶ。

次に欠かせないのが焼き床（炉床）だ。本体と焼き床が石窯の陰になり陽になる。両者が相極まってパンでもピザでも秋鮭でも七面鳥でも、何でも調理してくれる。

部品と装置

扉

本格的にパンを焼くなら扉は不可欠。だが、扉がなくても調理できるものは多い。直火《じかび》を当てながら焼くピザやチャパティー、ナン、各種鍋料理など。

土台

これもないと困る。地べたにいきなり焼き床をつくり、その上に本体を置いたら低すぎて使えない。

外壁と断熱材

本体の周囲に壁をつくり、壁と本体の間に断熱材を入れる。本体が蓄えた熱を外側から断熱することで保温性を良くするのが目的。本体の熱膨張とその後の収縮でできやすいヒビ割れ（本体）を防ぐ。

屋根

雨にさらされてはまずい。とりわけ昨今の酸性雨は、耐火セメントも耐火レンガも腐蝕させるし、濡れた石窯では熱性能も落ちる。石窯本体を断熱材で囲ってあったとしても、断熱材を濡らしてしまうと断熱性が著しく低下する。

石窯は豊かな暮らしの奥深い装置

基本型と連続燃焼型

基本型の仕組み

基本型の石窯は石窯の仕組みとしてシンプルなタイプ。本体の中、すなわち焼き床の上で薪《まき》を燃やす。石窯が適切な温度になったら、おき火や燃え残りをかき出す。「適切な温度」というのは肌で覚える。

石窯でパンを焼く場合のポイントは、生地がちょうどうまく醗酵《はっこう》した段階に窯の熱のタイミングを合わせることにある。たとえば、石窯がまだ熱くなっていないのに、パン生地が先に醗酵してしまうのは不都合だ。窯が熱くなる頃には生地は醗酵オーバーとなってしまう。

逆に、窯は熱くなったがパン生地の醗酵が遅れたとき。まあ、その場合は薪の火を弱くして温度を維持すれば、前者ほど困るわけではないが、それでも薪を焚きすぎてしまいがち。

これをして「石窯は温度がわからなくて不便」と思うかもしれないけれど、考え方を逆転させよう。窯の温度や生地の醗酵具合を察知できる「便利な」身体感覚を取り戻すのだ。それが石窯の醍醐《だいごみ》味でもある。察知のしかたは後述する。

おき火をかき出したら、同じ場所で調理をする。窯から発する放射熱で、中までじっくり火が通る。パンは言うに及ばず、素材の大小を問わず、石窯は凄《すご》みを見せてくれる。ためしに豆腐を皿にのせて温めてみよう。安いのでいい。味の違いが際立つ。

良い石窯の基本は、熱が偏らずに、しかも長く安定して続くこと。石窯の形状とつくり方で、その性能は違ってくる。

連続燃焼型の仕組み

連続燃焼型の石窯は燃焼室や副燃焼室があって、ちょっと手が込んでいる。名前のごとく連続して薪を燃やし続ける。

はじめに焼き床で薪を燃やすまでは基本形と同

石窯の構造例（断面図）

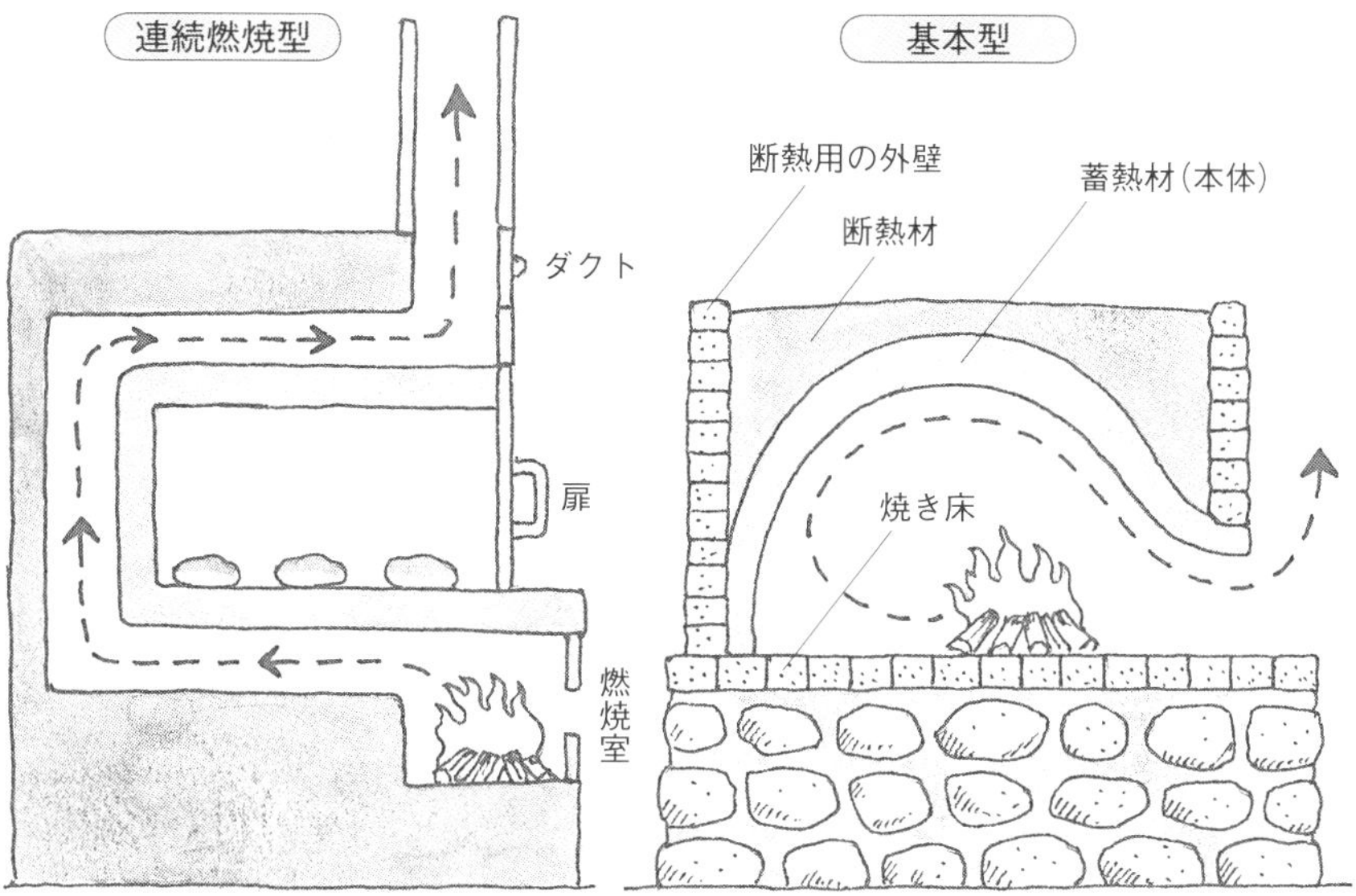

じ。ある程度温まったら、副燃焼室におき火を落とし込むか、新しい薪を放り込む。出てきた熱を焼き床と本体ドームに伝えて、熱が冷めないようにする。

構造にはバリエーションがあり、ドーム構造が入り組んだりして、つくりに手間がかかる。連続燃焼方式が向いているのは、営業用もしくは自然体験施設などだ。石窯パン教室などを開くと、人によって作業のスピードが違ってくる。生地の醗酵のスピードも予定どおりにいかないものだ。基本型の石窯だと、醗酵のタイミングと窯の温度のタイミングが合わない可能性が非常に大きい。

連続燃焼方式であれば、早めに窯を焚いてある程度の温度にしてしまえばいい。あとは副燃焼室で薪を焚きながら巡航運転のモードに移り、醗酵のできた生地から順繰りに窯入れしていける。副燃焼室の扉を耐熱ガラスにしておけば、燃える炎を眺められる。これも体験者にはうれしいものだ。

自給用の石窯には、連続燃焼方式をつくる必要はないだろう。シンプルな基本型の石窯で十分だ。

石窯の種類いろいろ

石窯の形の基本

石窯のドームの形はいろいろある。どれが一番ということはなく、基本は次の3点に尽きる。

①効率よく火が廻ること

空気をしっかり引き込んで薪がよく燃えてくれること。要するに、空気が外に引かれて行く勢いで、新しい空気が引き込まれて薪が景気よく燃える。

窯の隅々まで空気が巡ることがなによりも大事。そうでないと、不完全燃焼の空気がコーナーにたまってしまう。

②熱が均等に行き渡ること

特定の部位ばかりが熱くなる窯や、入口に近い部分の保温性が悪い窯は使いにくい。多少の温度差はあってもよいが、それも程度問題。

③構造が丈夫であること

断熱のために膨大な砂をのせることもあるので、つぶれては困る。ドームやアーチの構造がきちんとできているかどうか。一部でも、平面になっていると、そこが弱点になる。

石窯の形状

球形

昔ながらのオーソドックスなスタイル。なにしろ球形のドームは美しいし、熱のめぐりもムラが出にくい。レンガ造りの石窯はこの形が多い。ピザ窯にも向いている。

楕円形

球形のバリエーション。球形では円形の焼き床に四角い天パンを並べるためのムダが出るが、クロワッサンやクッキーなど天パンを使って焼く場合は、こちらのほうがスペースを効率よく使える。

巾着形

焚き口に近い前半部分をすぼめたもの。すぼめる曲線の具合をつくるのは、ある程度の経験が必要。

石窯の主な形状(平面図)

楕円形

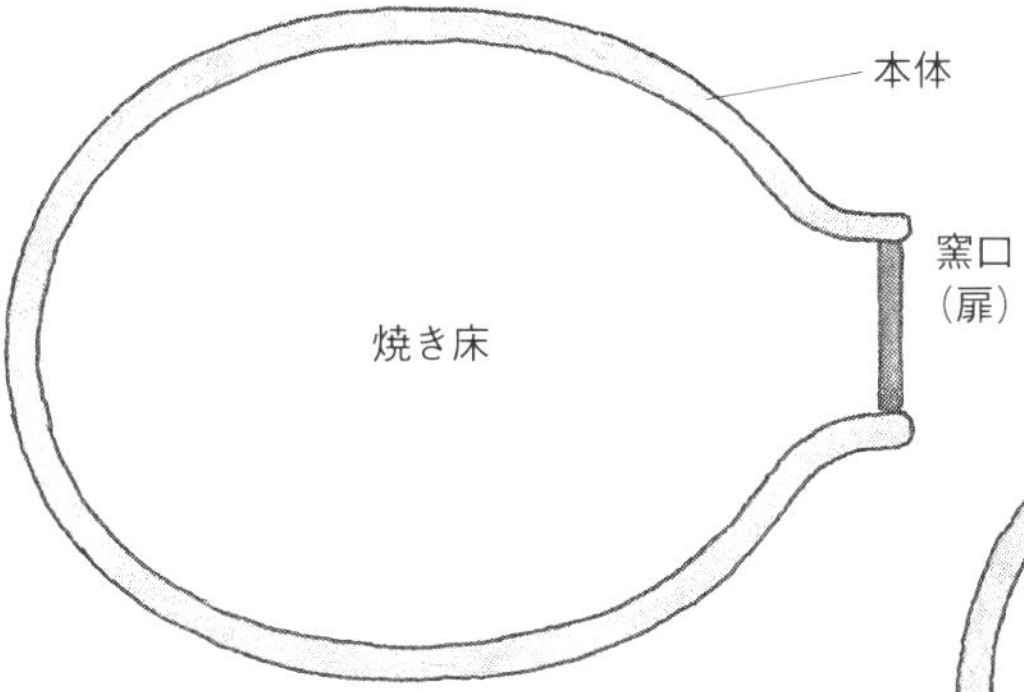

スペースを効率よく使う

球　形

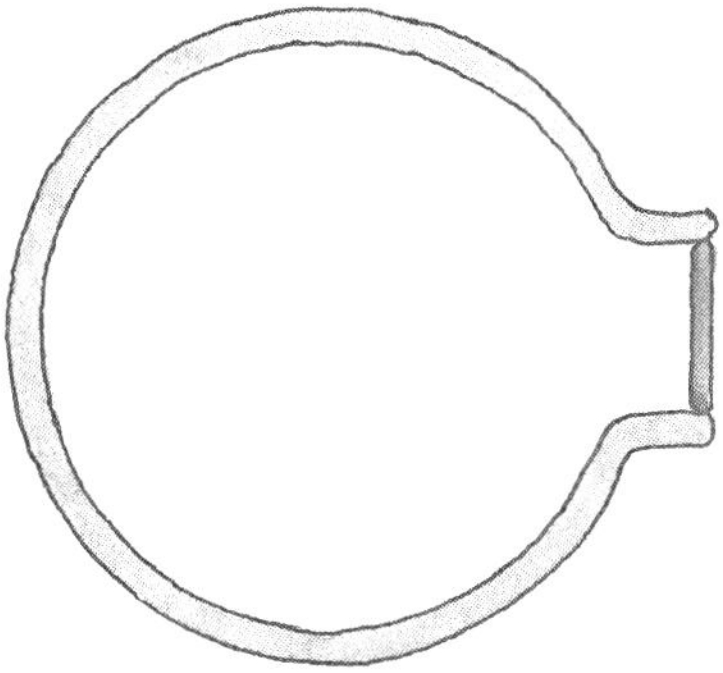

熱のめぐりがよい基本型

カマボコ型

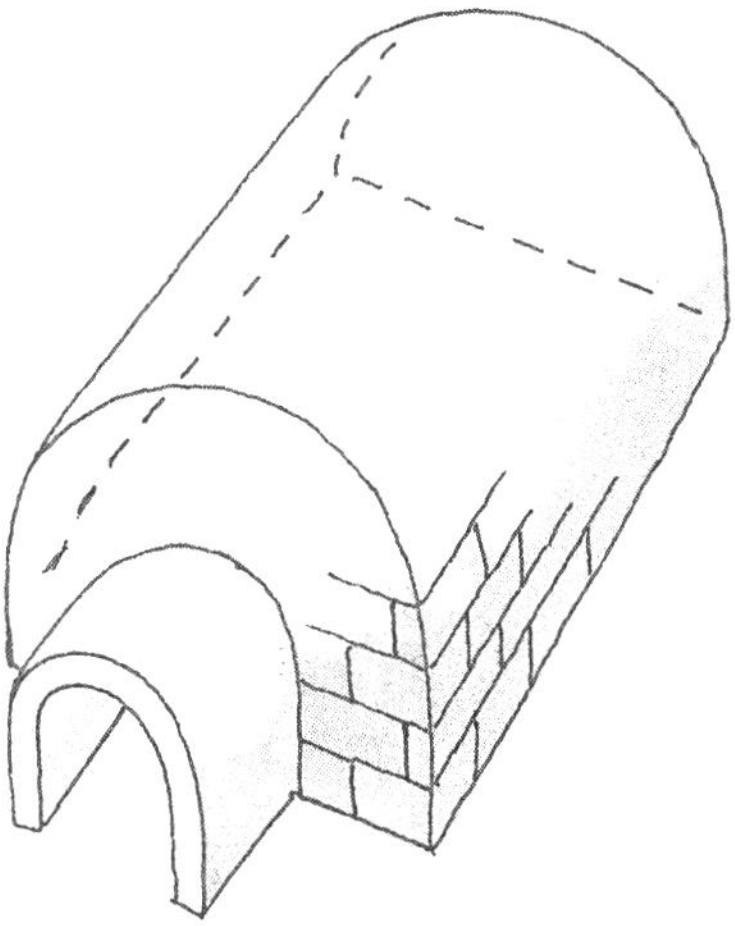

焼き床が四角形

巾着形

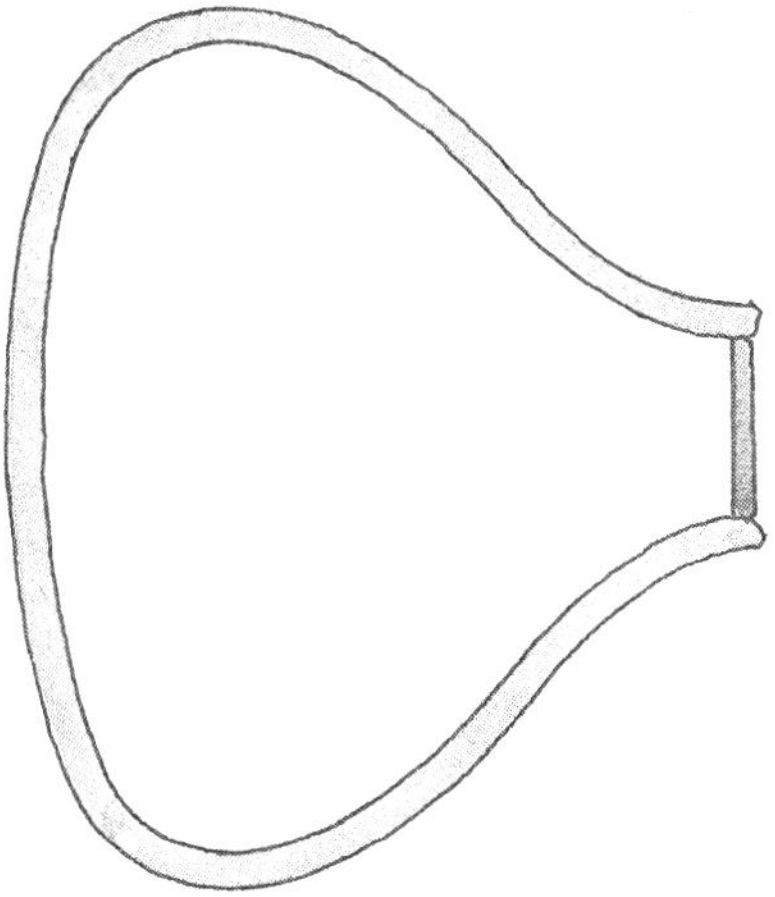

窯口側をすぼめる

奥の両脇のスペースに上手に空気が流れるようにつくる。

カマボコ型

焼き床は四角形なので、天パンや食パンの缶などを並べるときにはスペースのムダがない。ただし、後ろの壁が直立しているので、真後ろからの重圧に注意が必要。

石窯の規模の目安

個人の自給用の場合は、庭につくるのでスペースが限定されがちだが、小さくするにも限度がある。第2章で述べるスタンダード・タイプなら、内径で幅80〜120cm、奥行き80〜130cmくらいは欲しい。窯が小さくなるほど、焼き床に対する扉の比率が大きくなるので、扉を開けたとたんにぐっと温度が下がってしまう。だから奥行きだけでもできるだけ深くしたい。

できるだけ焼き床の面積を小さくしたいなら、むしろ連続燃焼型のほうがよい（第3章参照）。

材料

初心者へのお勧めは、耐火セメントで本体をつくり、耐火レンガで焼き床をつくる組み合わせだ。

しかし、何度も気に入るまでつくり直したい人には本体にも耐火レンガを勧める。とくに営業用の石窯は、慎重に考えてつくったつもりでも、使い込むうちにリメイクしたくなるものだ。著者自身も含めてそういう事例が意外に多い。だから、最初の一台で満足しないものと考えたほうがよい。

しかし、耐火セメントは丈夫でなかなか壊せないし、壊したら二度と使えない。その点、耐火レンガの場合は木槌《きづち》ひとつでわけなく分解できる。

設置場所

屋外であれば屋根は必須。外壁と断熱材も、業務用なら必須。屋内の場合にはさらにダクトと煙突がいる。なお、業務用の場合、屋外の石窯では保健所の営業許可が出ない。

石窯をつくるときの検討要素

◆ 主にどんな食べ物をつくりたいのか

ピザ いくぶん小さめの窯がよい

パン・菓子 ピザ窯よりは大きめがよい

料理いろいろ ケース・バイ・ケース

◆ 主にだれが石窯を使うのか

1人、または営業用 はじめに自分のイメージをつくる

家族(子どもも含む) みんなが使いやすいタイプの石窯にする

NPO・福祉作業所などのグループ 操作などをマニュアル化できる仕組みの石窯が必要

◆ どこに石窯をつくるのか(スペースはどのくらいあるのか)

アウトドア 庭、雑木林、森(屋根、風よけ、作業台などが必要)、その他の共有スペース

インドア 工房(専門家への相談が必要)、自宅(新築、改築を問わず、煙突や防火・断熱対策が必要)

◆ 燃材はどのような種類をどれくらい確保できるのか

薪、間伐材、流木、剪定枝《せんていし》、製材端材など

◆ 煙を出しても近所迷惑にならないか

ケースによってはガスを使う

◆ 予算はどのくらいか

金がないほうが知恵が出る

◆手伝い(有償、無償を問わず)をどのくらい確保できるのか

本人が楽しげに始めると、不思議と自然に人が集まる(本当です)

オンリー・ワンの実現

石窯は用途、目的に応じて

石窯は家と同じだ。だれが使うのか、何を目的にするのか、それしだいで千変万化する。

著者の石窯製作室では、自給用も営業用の石窯もお手伝いしているが、ひとつとして同じものをつくったことがない。当然、既成の図面もない。あくまで施主の方々に合わせてつくるのが石窯だ。既製品の石窯キットは買ってはいけない。あれでは業務用の工業オーブンと一緒だ。キットのサイズに人が合わせるようになってしまう。まして生みの喜びもゼロである。

あなたならではの、世界に一つのライフスタイルがあるのだよ、と教えてくれるのが石窯のすばらしさだ。なのに、1時間かそこらで組み立てが済んで、いったい、うれしいだろうか？　石窯を心から楽しみたければ、お手軽という発想から決別すべし。これほどつまらないものはないのだ。

難易度とコスト

石窯づくりの一つひとつのプロセスは、たいして難しいものではない。自家用に確実につくるならば、本書の基本型の窯がいいだろう。かなり手の込んだことをしたい方は、連続燃焼型の窯にトライすると楽しい。あちこちをつくり直せる仕組みにしておきたい。

ひとつのハードルになるのが鉄扉《てっぴ》（「てつとびら」ともいう）、壁などの周辺部材の製作である。溶接が必要になることもある。もっとも、後述しているように、窯の扉は手づくりの木のものでもよい。これなら2000円くらいのジグソー（糸ノコギリ）でつくれる。

また、左官道具やダイヤモンドカッターなどの道具代のコストもかかる。入念な計画を立てて、オンリー・ワンの石窯を実現していただきたい。

第1章

石窯づくりの主な資材と道具

著者（左）が「石窯づくり体験教室」の講師役を務める

石窯の土台と本体の材料

素材との出会い

石窯づくりに必要な素材は、建材店で買うばかりではない。身の回りで使えそうなものもたくさんある。たとえば、枯れ枝も薪のうちだ。崖の切り通しでは粘土が掘れることもある。あなたの周囲は森羅万象、出合うそばから宝の山だと気がつくだろう。

石窯づくりでこんな話をよく聞く。

「土台の石が欲しいと思っていたら、近所の開墾畑で石がゴロゴロ出てきたので、もらってきた」

「粘土が、近所の工事現場で大量に出ていた。おねだりしたら、すぐにダンプで持ってきてくれた」

皆さん、そういう経験をされている。著者も不思議に思っていたが、その理由がわかってきた。

私たちは日常、無意識にさまざまなものを見聞きしている。その有象無象《うぞうむぞう》が、心のどこかに根づいていて、石窯をつくるときに反映されるのだろう。

つまり、皆さんが石窯づくりで思い描くイメージは、日頃、無意識に見聞きした風景から浮かび上がってきたものなのだ。欲しいものが身近で見つかるのは、もともと見ていたものを欲しいと思った、ということなのだろう。夢のない解釈かもしれないが、地域のすばらしさに気づかせてくれる石窯の恩恵なのだと思う。

ワイルドに積み上げる

昔の人は、太い腕で太い丸太を組み上げて、その上に石窯をのせた。ログハウスみたいだ。大きなすきまは粘土やセメントで詰める。こまかいデコボコは情熱があれば無視してよい。

大メシをたいらげた怪力で大石を積んだ先人もいた。彼らは素朴で剛健で健康だったらしい。ワイルドな流儀をまねたければ、コンクリートのベタ基礎など無用。重みで土台が傾いたくらいで気にするな。

ただし、石積みは力づくの所業ではない。熟練の

石積みには熟練の技が必要

欧米では石組み作品の発表の場が多い

技と感性、気の合った仲間がいる。Dry stoneといって、欧米などではセメントなしで大小の石をアクロバット、かつアートに積み上げる。サスペンダーの親爺《おやじ》たちが、ご自慢の作品にほほえんで寄り添うさまには、あふれるほどの野趣が極まって高貴だ。

石窯の土台の素材

自然石

ノートパソコンくらいの大きさの石をかつぐだけなら現代人にもできる。ただし、川原にあるような丸石はすべって積めないだろう。輸入品のコッツウォルズみたいに色彩の整った石が大量にあればベストだ。崖の切り通しからはじけ出たばかりの尖《とが》った原石がいいが、なければ丸い石を割って尖らせる。セリ矢という石割り道具に金槌《かなづち》、それから根性とゴーグルが必要だ（石の粉が目に飛び込むので）。自然石の積み方は、第3章に記す。

加工石材、大谷石など

自然石もいいが、近在の石屋さんでは、古い石塀を解体したときに出る廃材の捨て場に困っているはず。穴のない新しそうな石を選んで引き取ろう。

関東では、栃木産の大谷石が石塀によく使われていたので、廃材でも見かけることが多い。火山灰が凝縮されたもので、均一の材質ゆえ熱にも強い。しかも石膏《せっこう》のように柔らかくて加工がしやすい。ダイヤモンドカッターはもちろん、チゼルや手作業のカナノコでも切れないことはない。ただし、あまり古いものはボロボロに風化していて崩れやすい。

大谷石のたいていは板状のユニットになっているので、土台にするときにはドリルで穴を開けて、10㎜の異形鉄筋を刺して固定する。

大谷石でなくとも、地域それぞれにすばらしい石がある。伊豆の青石や沖縄のとらばーちんみたいに地方色の豊かな石は、土台にしても地方色が出て楽しい。石は風土の宝物だ。

コンクリートブロック

いちばん無難だけれど、そのぶん、色気のない選択肢でもある。ブロックには軽量ブロックと重量ブロックがあるが、あくまで重量ブロックを使う。

この場合には、基礎をつくる。地面を20~30㎝ばかり掘り下げて割栗石《わりぐりいし》を敷き、突きかためたところにコンクリートで鉄筋の格子が入った基礎を打つ。寒冷地では凍結深度に合わせてもっと深く掘る。

内側からブロックの壁を押し広げる力が働くから、異形鉄筋を、細い10㎜径でいいから必ず入れる。異形鉄筋は基礎から垂直に立てるだけでなく、ぐるりと水平にも回す。直角に鉄筋を曲げるときは、足で踏んづけて曲げるのではカーブがゆるすぎてブロックの直角に収まらないだろう。お宅の玄関を出たあたりのガードレールの支柱に引っ掛けて曲げるのだ。そうでなければ、建材屋で鉄筋を買ったときに、ベンダーを拝借して曲げておくこと。

一周全部を結束線で縛ったらセメントで封じ込める。水平や垂直は、やり方は水糸を張ったり、振り下げ水準器で適宜チェックしながら進める……と人は言うが、あなたの子孫がここで寝起きするわけではないので、神経質になることはない。まだ先々長い道のりでもあるから、多少の不細工は目をつぶろう。

以上のブロック壁の造営は、やり慣れないと日数

鉄扉をつけた基本型の石窯。断熱材の入った二重構造になっているうえに、屋根を取りつけてある

石窯の土台の素材として大谷石を用意

土台の上に本体ドームなどを組む。焼き床にも大谷石を採用

がかかる。そして慣れた頃には終わってしまう。

　もっと簡単で、なおかつ頑丈なのは、基礎を打つときに一緒に型枠で土台を立ち上げて生コンクリートを流し込んでしまうパターン。ほとんどトーチカ（要塞）である。丈夫は丈夫だが、二度と移動はできない。

　四角四面がイヤならば、下をアーチ状にしてスペースを空けて薪置き場（15頁のイラスト参照）にしてもいいだろう。アーチ状でなく直方体の薪置きスペースでもいい。この天井はスラブ（耐火ボードなどの板）でつくる。

　いずれにしても寸法を間違えると直しがきかないから、業者さんとの打ち合わせは慎重に。

　無骨な土台にも化粧をすれば素敵になる。外側だけレンガを貼《は》る、漆喰《しっくい》で風合いをだす、あるいは自然石を薄く割って貼りつける方法もある。

アングルと耐火ボード

　L字のアングルを溶接してフレームをつくり、耐火ボードをステンレスのビスでとめて土台をつくる方法もある。溶接の技術と強度計算が必要になる。

石窯本体の素材

耐火セメント

石窯の本体には、火に強い素材を使う。薪の火力は非常に強いので、赤レンガでは簡単に割れてしまう。重くて頑丈な御影石（花崗岩《かこうがん》の一種）も、炙《あぶ》ればはじける。普通のセメントも同様だ。

石窯の素材として、初心者にはなにより耐火セメントを勧める。近代の発明だけあって蓄熱性能も高い。

著者が使うのはAGCセラミックス社の「アサヒキャスター13T」という商品名のもの。1000℃以上の高温までカバーするから、石窯には十分な強さ。耐火セメントの中にはガラス窯向けの超高温に耐えるセメントもあるが、非常に高価なので必要ない。「アサヒキャスター13T、もしくは13S」は骨材が小さめなのでコテでも塗りやすい。

ここまで商品名を連呼したのは、耐火セメントと間違えて耐火モルタルを買ってしまうトラブルが多いからだ。

ここで両者の見分け方を確認する。水でこねたたん常温でかたまるのが耐火セメント。普通のセメントと一緒だ。一方、こねただけではかたまらないのが耐火モルタルだ。これは数百℃の高温になるとかたまるが、常温ではいつまでも柔らかい。

建材店に注文するときには、必ず右記の点を確認して耐火セメントを注文しよう。取り扱い経験がない店員が要領を得なければ、メーカーに直接確認すること。普通のセメントよりはるかに値段が高い素材だから、買い間違えたら一大事だ。

耐火レンガ

レンガは普通レンガ、耐火レンガ、断熱レンガ、耐火断熱レンガなどに大別されるが、耐火セメント同様、耐火レンガも石窯の素材として根強い人気がある。

著者も愛着がある。盛夏の太陽に首の後ろを灼《や》かれながらレンガを積んだこともある。寒の最中に骨まで冷えて粛々とレンガを積んだこともある。人間の気持ちの奥底には、何かをつくらずにいられないおき火が消えずにあるようだ。レンガ積みは、そん

水に少量ずつ耐火セメントを入れ、なじませながらこねると、力のない人でもやりやすい

耐火セメント「アサヒキャスター 13S」。コテで塗りやすい

ダイヤモンドカッターなどで、使用部分に応じた寸法にすることもできる

古くから石窯の素材として定番になっている耐火レンガ

な心の炎を実感できる貴重な機会なのだ。

できればＪＩＳ規格の耐火レンガを買おう。普通の赤レンガより一回り大きくて、裏に「ＳＫ32」とか「ＳＫ28」などと刻印してある。これはゼーゲルコーンというドイツ語の略称で、レンガの耐火度合いを示す数字である。

市販のものは、28から34の間の数字がほとんどで、値段も手ごろだ。一部のデータによれば、ＳＫ32で１３００℃、ＳＫ34で１４５０℃まで適応できるとのこと。石窯での調理は１０００℃を超えることは少ないので、どれでも問題ない。

中国製の耐火レンガは、規格品の赤レンガより一回り小さく、薄いサイズだ。熱が冷めやすいという実証リポートを著者のＨＰにいただいたことがある。ＳＫの刻印もなかったりする。石窯で使うくらいなら、まず問題ないとは思うが、もっと情報を収集して慎重に判断したい。

ちなみに耐火レンガの並型の寸法は、長さ２３０×幅１１４㎜×厚さ65㎜。並型の長方形以外にも２丁長、半マス、ヨウカン、七五、１丁半、セリ（クサビ型）などの規格異型（ＪＩＳ規格で寸法が定められている）がある。

耐火レンガも、注文すれば特別なサイズのものを取り寄せることもできる。普通の２倍、３倍の長さのレンガなどだ。

買ったばかりの耐火レンガはもろい。こすれ合っただけで角が欠ける。気持ちに余裕があれば、いちばんはじめに野火を盛大に焚いて耐火レンガを焼き込んでおくといい。あわせて火伏せの神様にお祈りすれば、入魂も十分だ。

解体した陶芸の窯から焼き込まれた年代物の耐火レンガをもらえる機会があれば、その僥倖《ぎょうこう》を逃さないこと。レンガそれ自体が陶芸のように引き締まった風貌を見せてくれる。両手で抱えて眺めてみよう。膨大かつ無名のピース（部品）が、この先、黙ってあなたにパンを焼いてくれるのだ。石窯をつくってしまったら間近に眺めることもできないから一《いち》期《ご》一《いち》会《え》だ。炎の歳月を経た耐火レンガの山を前に佇《たたず》む静謐《せいひつ》のひと時は、耐火セメントでは味わえないものだ。

耐火レンガの並型と規格異型

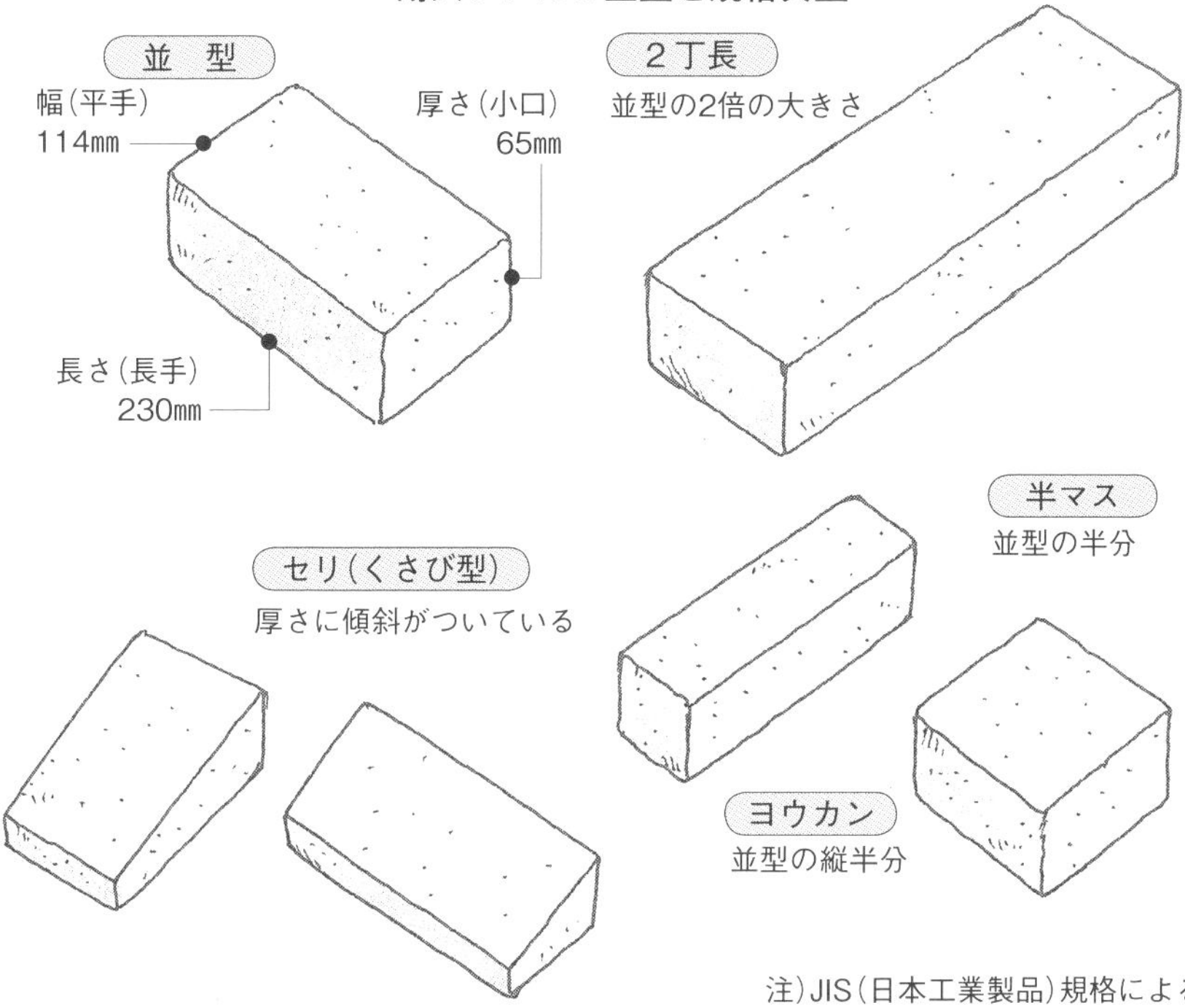

注）JIS（日本工業製品）規格による

アンティーク耐火レンガいろいろ

アンティーク耐火レンガは色合い、風合いが違ったり、割れたり欠けたりしているものが多く、使い込まれた古レンガの趣きが持ち味

自然石

石窯という以上、本来は石を積んで窯にするのが正統だろう。しかし、石窯の本体や焼き床に使えるのは、自然石の中でも一部だ。

川原でキャンプをしていて、焚き火の最中に石が割れてしまった経験はないだろうか？ 石の成り立ちはさまざまだが、花崗岩のように雲母や石英など数種類の成分が混ざった石は割れやすい。炎で熱くなったときに、成分ごとの膨張率が違うので足並みがそろわずに破裂してしまうのだ。あるいは石灰岩のように、クリーム状に溶けてしまうものもある。

炎を浴びても割れない石の代表が、関東では大谷石などだ。これは軽くて柔らかくて加工しやすいし、熱にも強い。ただし、蓄熱性は耐火レンガや耐火セメントに劣る。石そのものの密度が粗いから、熱の容量も小さいのだ。あえて大谷石を石窯に使うなら、焼き床には使える。しかし、俗に「ミソ」と呼ばれるくぼみが表面にあるので、耐火セメントで表面をきれいに仕上げ塗りして使うのがいい。

あるいはレンガ状に大谷石をこまかく切って本体を積む。つくり方はレンガの場合と同じだ（第3章参照）。地元の自然石でつくるというコンセプトなら、それは大きな意味がある。いま書いたように、素材の石を小さめに切りそろえて扱いやすくすることがポイント。

鉄・鋼板

鉄骨や鉄筋のメッシュ、グレーチングなどで枠組みをつくって補強したほうがいいか？ という質問が多く寄せられる。たとえば焼き床の下が薪置き場のスペースになっている構造などだ。実際、そうした石窯も見かけるが、剥離《はくり》しているケースが多い。つまり鉄は耐火セメントと一緒には使わないほうがよいのだ。

鉄は、耐火セメントよりも熱による膨張率が大きい。膨張と収縮を繰り返すうち、鉄と耐火セメントの間にすきまができて剥離する。だから鉄は使わずに、耐火セメントだけにして、アーチやドーム状で丈夫な構造をつくることが大事だ。

鉄を使うパターンがあるとすれば、アングルで枠組みをつくり、その中にレンガをはめ込むパターン

円筒状の土台は耐火セメント、本体ドームは耐火レンガを主に形づくる

土台や窯口まわりに自然石などを使用

外壁（周壁）をレンガなどで築く

などで、あくまで鉄は鉄として独立した仕組みがよい。

断熱材

石窯の本体と外壁との間を埋めて保温をする。お金があればパーライト（多孔質の建築用骨材）。建材店、ＪＡ（農業協同組合）やホームセンターで、なるべく大袋のものを安く買う。

安くするなら灰や砂。買った砂はたいてい湿っている。濡れたままでは断熱にならない。まず石窯本体と外壁との間に断熱材のない段階で火を焚いて本体を熱くし、そこで少し砂を入れる。熱で砂が乾くから、また次に火を焚いて少し砂を足す。

粘土

石窯ならぬ土窯を、という人も多い。地元の土で炭焼き窯をつくった方は、やはり石窯も土でつくりたいようだ。

この場合、粘土の質が成否を決める。失敗して丸ごと崩れるリスクもあってヒヤヒヤして楽しい。詳しくは第３章に。

石窯の顔になる窯口と扉

窯口の大きさの目安

窯口《かまぐち》の大きさが、石窯づくりのポイントの一つになる。窯口が大きければ燃料が燃えやすく、熱を早く蓄えることができるが、開口時に熱が逃げやすく熱効率がよくない。逆に小さすぎると使いにくい。

もちろん、窯口の大きさは窯の大きさをもとに検討しなければならないが、標準的な手づくり窯（間口80～120cm、奥行き80～130cm、高さ35～45cm）の場合、窯口の左右幅は40～55cm、高さ25～30cmにしておきたい。

このくらいの寸法が、天パン（パンを焼くときに使う鉄板）やピール（ピザ生地を出し入れするヘラ）を使用したり、燃材を出し入れするのに好都合である。

窯口の形状

窯口の大きさと同様に形状についても、どのようなものを焼くのか、どんな料理をつくりたいのか、などの目的によって決めるようにする。

もちろん、各自思い思いのイメージをふくらませて形づくってもかまわないが、窯口は扉ともども窯の顔の部分にあたるので、長期にわたって使用してもあきがこなく、丈夫で使い勝手のよいものを形づくっていきたい。

扉は石窯の顔である

扉は窯口以上に石窯の顔といえる。

石窯の扉は、過酷な稼業だ。外に氷雨が降ろうとも、薪が燃え盛った後の熱い空気を閉じ込め、なに食わぬ顔で温度を保たなければいけない。

作業のつどの開け閉めは、重い身体で何度も何年も繰り返す過酷な往復だ。ススや水蒸気に永年さらされて黒光りした鉄扉の姿こそは、王者の静謐である。

自然石などを配した半円形の窯口

鉄扉のついた扉枠を取りつけた

これも鉄扉のついた扉枠を取りつけた窯口。スタンダードなタイプ

上と左右は大谷石を組み、焼き床に耐熱性のあるタイルを敷いた窯口

扉の備える条件

まず、ひとたび閉じたら熱も水蒸気も漏らさない気密性が欲しい。たとえば、ピザ焼きの窯の場合には、薪を燃やしながらピザを焼くのだが、最後には燃えている薪ごと扉を閉じてしまう。じきに酸欠状態になって薪が消し炭状態になる。囲炉裏や火鉢の埋め火みたいなものだ。翌日、扉を開けるとフレッシュな空気に触れて、薪に生気が戻って燃えはじめる。窯も薪も生きものだと実感できる。

次に、熱で変形しないこと。できれば耐熱性の鋼が望ましい。

さらに、できるだけ軽いこと。かといって、開け閉めのさなかに勝手にフラフラ動くのも困る。それなら、むしろ着脱式のふたのほうがよい。

これだけの要求を満たすとなると、扉ひとつでも、相当の工程がかかる手仕事の作品だ。

扉づくりの依頼

鉄工所に頼むとなると、石窯の説明から始めることになる。簡単な絵を描いてつくってもらうように。著者も、最初の扉は鉄工所に頼んだ。雰囲気としては、焼却炉の扉みたいで風情はなかった。しかし、そもそも鉄工所に扉の製作を頼むこと自体、魚屋に寿司を注文するに等しいのだから、無理は言うまい。

いま著者は、石窯の扉づくりは専門家に委託している。金属加工のアーティストの方で、こちらのこまかい注文にも、ていねいに応えてくださっている。もちろん体裁だけではダメで、扉というものの構造に熟知した人にお願いする必要がある。

扉のタイプ

観音開きのものと手前に水平に開くもの、さらに片開き、窯口にはめ込むものなどがある。観音開きは、だれでも使いやすい。扉が熱くなっても火傷しにくい。ただし、上手につくらないと、開いた扉がおとなしく止まらずに、ゆらゆら遊んでしまったり、閉じてしまったりすることがある。

水平開きのタイプは、熱い扉が手前に開くので、触れないように注意する。手前に開けた扉を受け止める造作も必要。ただし、開ききったときに石窯の正面姿が見えるので、演出的には良いともいえる。

木で扉をつくる

扉に予算をかけたくない場合には、硬い材木でふた状のものをつくり、アルミ板を裏打ちしたり、下部に倒れないように支え板を組んだり、取っ手をつけたりして扉にすることもできる。この場合、鉄扉と違ってみずからの手で扉づくりを楽しむことができるので、それなりの達成感を得られよう。

ただし、いくら硬い木を使っても、いずれは熱でこげる運命であって、永年の使用には耐えない。消耗品と考えたほうがよい。

扉を先につくること

これまでのどのスタイルであれ、扉を先につくること。それに合わせてアーチを決めていくのが順序だ。逆にアーチをはじめにつくると、それに合わせて扉をつくるのは厄介だ。

観音開きの鉄扉(委託製作)

内側

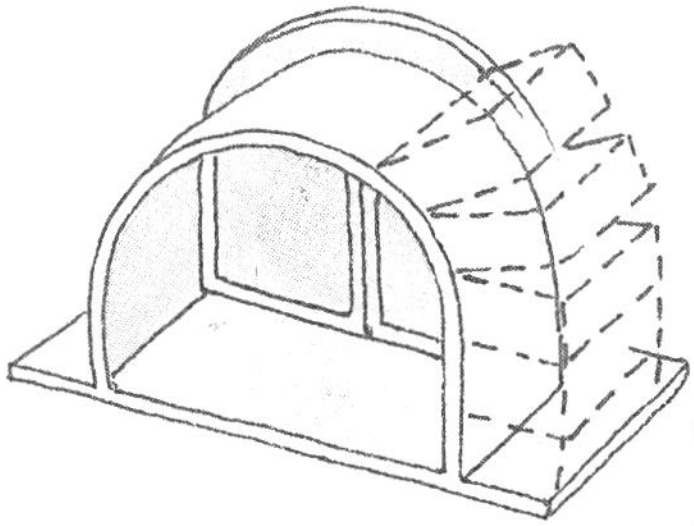

耐火レンガの長さ分の奥行きを設ける。窯口のアーチを組みやすい

正面

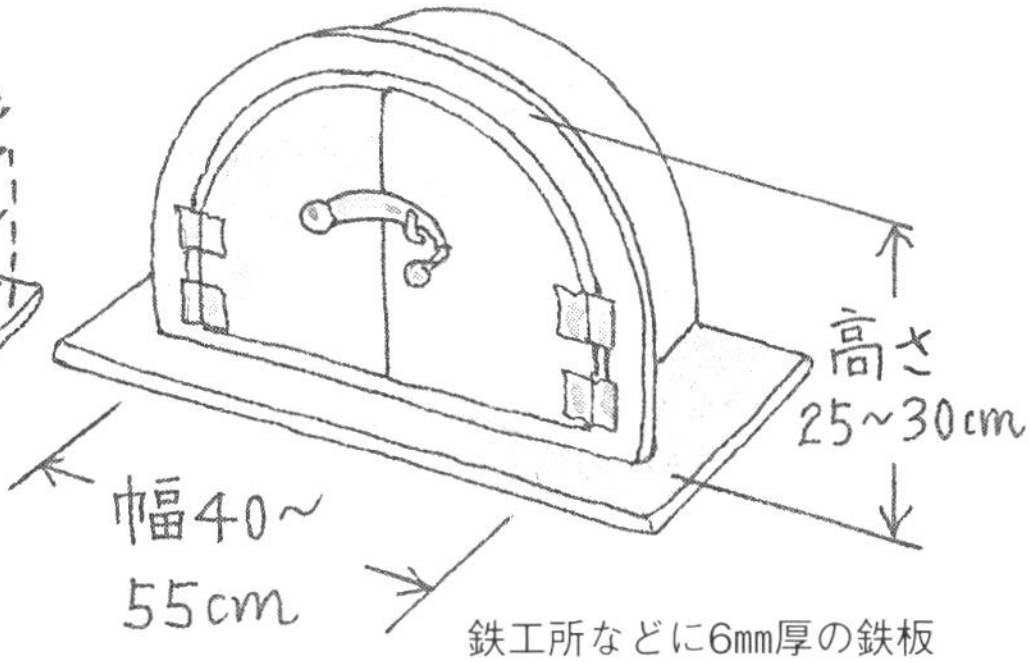

鉄工所などに6mm厚の鉄板で枠付きの鉄扉を依頼

ふた状の木の扉(手づくり)

内側

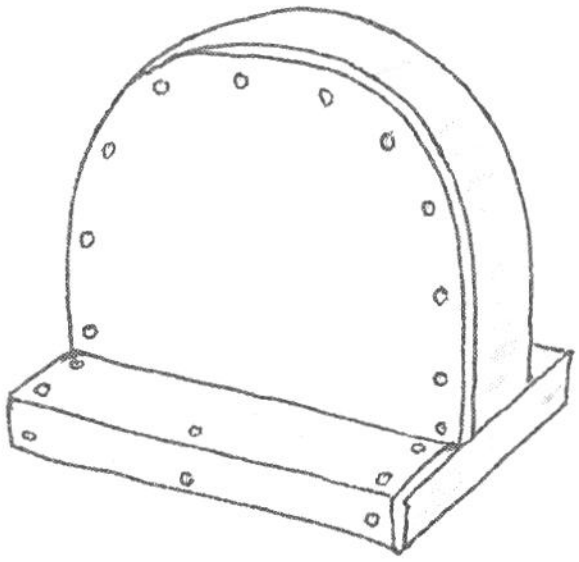

アルミ板などで裏打ちをすると、いくぶん長もちする

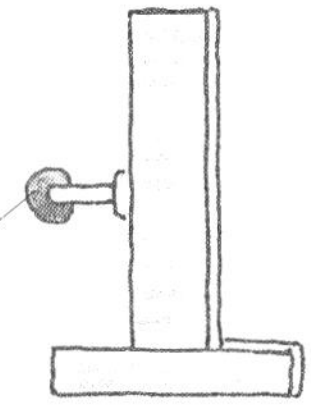

取っ手。思い思いに工夫してつけることができる

正面

扉が倒れないように支えの台を取りつける

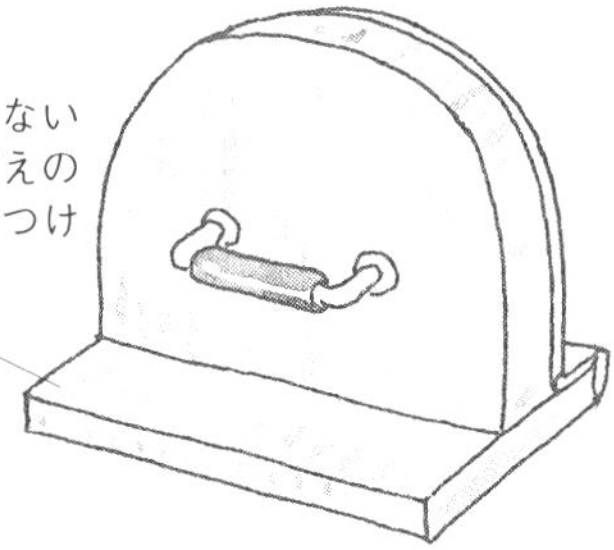

扉用の木材には、重硬で割れにくいものを選びたい。カシ、ケヤキ、クヌギ、タモなどの広葉樹が割裂性が低く、扉に適している

石窯づくりに必要な道具

道具をそろえる

基本的な道具は、なるべく自前でそろえたほうがいい。とりわけ左官関係の道具は、どうしてもセメントがこびりつくので、借りるのは気が引ける。

セメントのこね桶とクワ

こね桶《おけ》は、俗に「舟」と呼ばれる。20㎝近い深さが欲しい。レンタルでモルタルミキサーを使う方法もあるが、ちょっと思い立ったときにこねるには舟が必要。

こねるときに、舟を地べたに置いてでは腰が一発で痛くなる。膝の高さくらいの丈夫な台に舟をのせてこねると、だいぶ楽だ。舟を少し傾けてセッティングし、下になるほうに水、上になるほうに耐火セメントを入れて、水に少しずつセメントを入れてこねるのが初心者向けの方法だ。

左官ゴテ・左官板

左官ゴテは、柔らかめのものが使いやすいので、プラスチック製よりも金物のものを勧める。2種類くらい大きさの違うコテをそろえると便利。レンガを積むならレンガ用のコテと目地用のコテも必要。使ったらすぐに洗ってセメントを落とす。さもないと次から使えなくなる。左官板は板切れでもよい。

バケツとブラシ・タワシなど

セメントがこぼれて汚したところはすぐに洗って落とす。バケツを買うなら丈夫な金物のものを。なにかにつけてシャベルも必要。

ダイヤモンドカッターとゴーグルなど

ダイヤモンドカッターで耐火レンガや自然石、鉄筋を切る。

しっかり握らないと、なにかのはずみで刃が飛び

ダイヤモンドカッター

こね桶(舟)とクワ

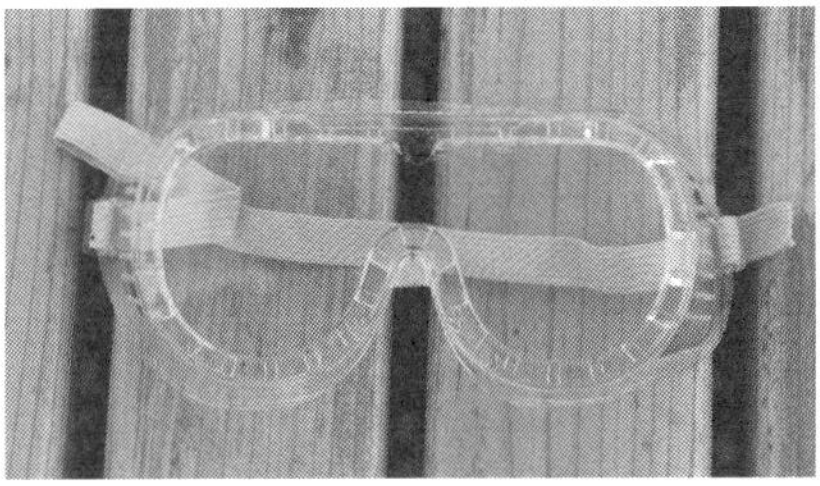

ゴーグル

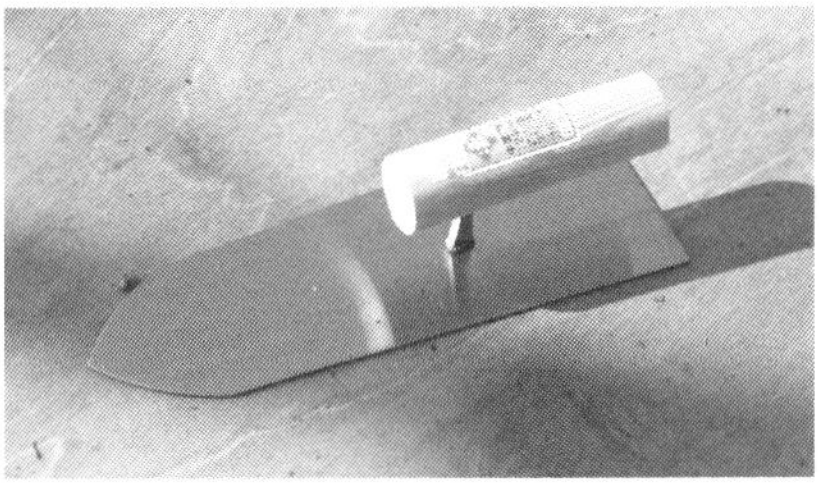

レンガ用などのコテ

ジグソー(糸ノコギリ)

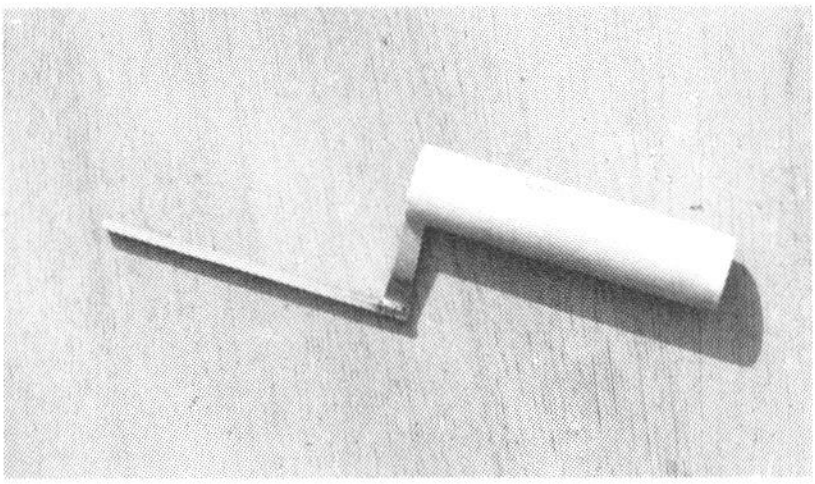

目地用のコテ

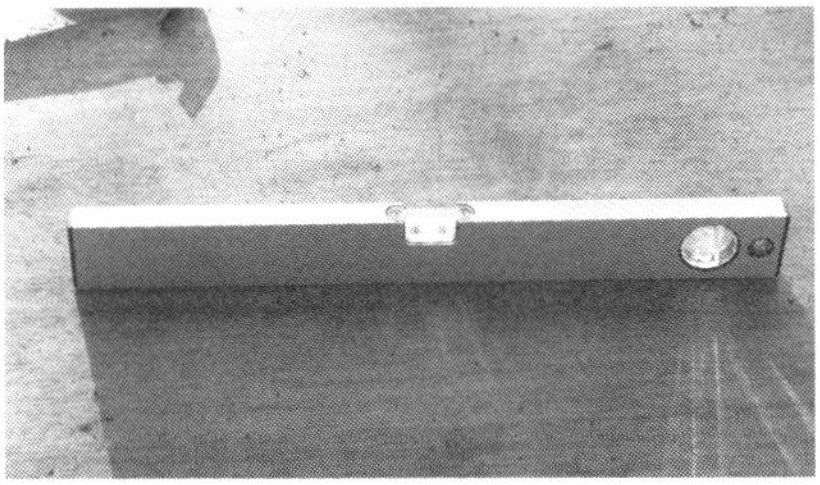

水平器

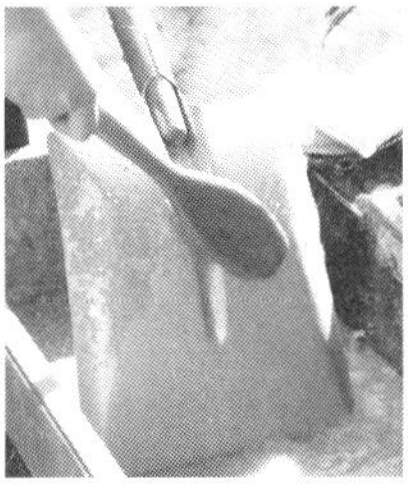

ブラシとシャベル

金物のバケツ

跳ねることもある。日暮れて焦る夕暮れ時や、頭がぼんやりしている朝一番のときは、とりわけ慎重に使うこと。カッターの刃は取り替え式で、濡れた素材を切る「湿式」の刃と、乾いた素材を切る「乾式」の刃とがある。

著者はレンガを水で軽く濡らして「湿式」の刃で切る。そのほうが粉の飛散が少ないからだ。何百というレンガを切るときには、扇風機をそばに置いて粉塵を飛ばすこともある。

粉塵だけでなく、石の粉や火花も危険だから、ゴーグルとマスク、手袋は必携。

チゼルとハンマー

石やレンガのデコボコを削るときにはチゼル（ノミ、タガネのこと）を使う。時間をかければ、これでレンガを割ることもできる。大量の場合にはやはりダイヤモンドカッターを使ったほうがよい。

セリ矢

石積みのときに、セリ矢で大き目の石を割る。最低10本くらいまとめ買いする。掘削《くっさく》用のドリルで5〜10㎝くらいの穴を開けて、ハンマーではじめにセリ矢を打ち込んで並べる。次にハンマーで強くセリ矢の頭をたたいていくと、石が割れる。

ちなみに掘削用のドリルは、普通の日曜大工用のドリルでは力が足りなくて穴が開かない。

水平器

石窯づくり以外に使うことがないなら、安くて小さいものでよい。長い部分の水平を診るなら、反《そ》りのない角材にのせて使う。

第２章

石窯づくりのザ・スタンダード

基本型の窯口周辺を自然石で仕上げる

石窯づくりの計画と予算

予算枠を決めてしまう

手づくりの石窯で自宅でピザパーティー、というぜいたくな夢を掲げて気になるのが予算。やる気になれば、地元の石と粘土で「究極のゼロ円石窯」も可能だけれど、一般的とはいえず、そこで……。

ズバリ7万円。これを石窯の基本、本体ドームと焼き床の素材原価とする。それ以外の土台、煙突、外壁などのオプションは別予算。人件費すなわち、あなたの汗や涙は査定ゼロ、手伝い衆への酒代も別勘定なり。扉代を除いた7万円コースでも、ピザをはじめとする多彩な石窯料理が可能である。

耐火セメントと耐火レンガを買う

耐火レンガを80個。本体ドームに耐火セメントを15袋。これで基本形はなんとかなる。緊縮予算で帆を揚げて、追い風が吹いたら買い足して塗り重ねる算段だ。

著者が使う耐火セメントはＡＧＣセラミックス社の「アサヒキャスター13Ｔ」。建材店の小売りで３０００円強。インターネット直販だと２０００円台プラス送料。地域の事情で安いほうを判断。耐火セメントの注文は間違いが多いので慎重に（第１章参照）。

基本以外の部分も、なんとかする

上記で除外した土台、外壁、断熱材、煙突（室内の場合のみ）その他については、できるだけ身近にあるものを活用したい。そのつもりで川原の石など眺めてみれば、日本の風土の豊かなこと。

営業用の石窯でも、風土を生かす視点で石窯の設計をイメージしよう。オーナーのオリジナルな創意は、なによりの最善のエクステリアだ。いまどきの客はヨーロッパのまねなど見飽きている。風土の力で勝負。

主な工程と必要日数の目安

2名で基本型の窯をつくる場合を想定

石窯の設計＝図面作成（数日）

⬇

整地し、土台をつくる（整地は半日～1日／土台は47頁参照）

⬇

焼き床をつくる（1～2日）

⬇

窯口の扉を据える（半日）

⬇

窯本体を形づくる（2日）

⬇

窯口まわりを仕上げる（半日）

⬇

窯本体のドームを成形（1～2日）

⬇

型枠の土などをかき出す（半日）

⬇

乾燥させて完成（数日）

⬇

＊必要に応じて外壁と屋根をつくる（数日）

石窯設計＝イメージのアウトプット

予定地でイメージを喚起

はじめから三面図だの工程表だの頭の中で考え込んではいけない。夢が萎《な》えるから。

あなたがものづくりに慣れていればともかく、セメントもこねた経験がないのであればなおさらのこと、設計は後に回そう。ゆっくり夢を見ることが先決。

まずは心静かに石窯の予定地に佇もうではないか。著者にとっての幸せとは、みんながおいしい顔をしている光景だ。すべてはそれに尽きる。

イメージしてみよう。あなたが薪を焚く。興味しんしん覗《のぞ》く顔がある。おいしさにはじける笑顔がある。

イメージしてみよう。その人たちに、どんなパンを、どんなピザを焼きたいか、あなたは？

「窯の正面は、朝日の当たる場所にしよう」

「扉の高さはこのくらいにすれば、子どもも遊べるね」

「作業台は、ちょっとだけ変わった形にしよう」

「薪はずっしりこの辺に置いて……」

「七面鳥を丸焼きできるくらいの焼き床スペースが欲しいよなあ」

まだ何もない予定地で、想像力と食欲の赴くまま、生唾《なまつば》を飲み込んで石窯づくりの夢想の三昧《ざんまい》。

夢見る力、という言葉はゴダールだったか？　たしかに夢を見るには力がいる。はじめは戸惑うかもしれない。でも、このプロセスが大事なのだ。しっかりゆっくり夢を見よう。形は後からついてくる。

設計図への挑戦

とはいいながら、図面がないと読者諸氏は不安だろうから次頁に示す。ただし、まったくこのとおりの寸法をなぞるのは、ちょっとだけ情けない作法なのだと自覚されたい。たとえば、わずか1㎝でも自分流にアレンジしてみる。ささやかな「破壊的創造」から冒険が始まるはず。

石窯の設計（基本型の石窯の例）

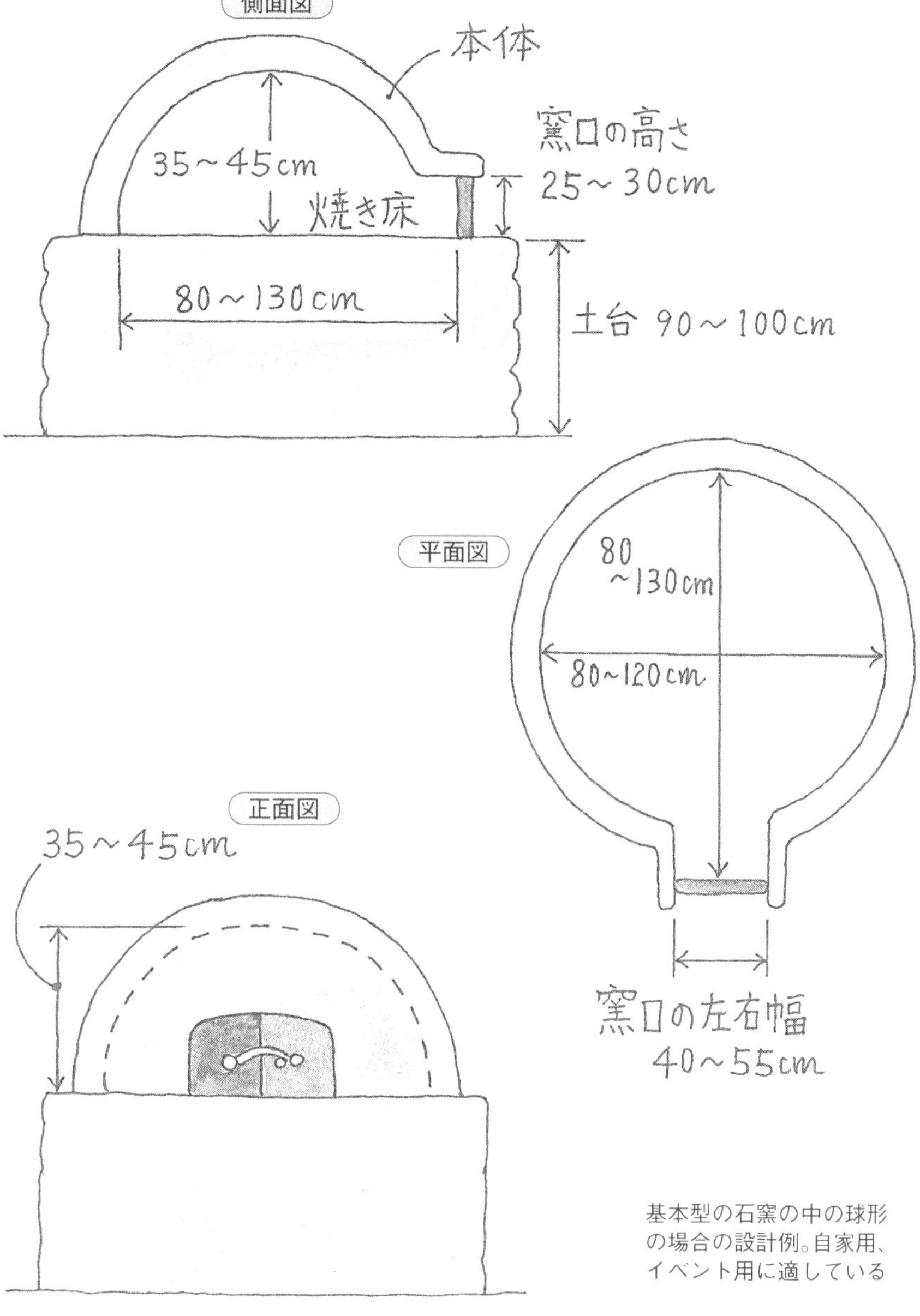

基本型の石窯の中の球形の場合の設計例。自家用、イベント用に適している

整地し、土台をつくる

整地する

石窯は重いので、地盤が軟弱だと傾く。そのため、地表から20㎝くらい削ったら砂利を敷いて、突きかためておこう。丸太に取っ手をつけた道具を持ち上げては落っことす、いわゆる「ヨイトマケ」のミニチュアがあればよいが、一族郎党でピョンピョン踊るだけでもいい。外壁までつくり込むヘビー級の石窯には、さらに補強の意味で鉄筋格子を入れたコンクリートを打つこと。

近くに燃えそうなものがないか要注意。立ち木の枝が窯の上空に伸びているのは好ましくない。熱気で葉がこげて、下手をすると火事になる。

崖の切り通しを掘り崩して、中にはめ込むようにつくったパターンもある。土台の背面がそのまま崖なので安定しているし、断熱や防風の点で有利。

整地後、砂利を敷き、突きかためる

土台をつくる

いちばん簡単な土台は、直方体の型枠に生コンを流し込むだけ。無粋の極みながら丈夫で壊れない、というか壊せない。何かの事情で移動したくても無理。せめて焼き床の下はアーチ構造でスペースを確保して薪など置きたい。アーチ状の木枠をつくった上に素材（セメントや石、粘土など）を積んでしっ

土台の主な種類と必要日数の目安

２名で基本窯の土台をつくる場合の日数を想定

コンクリート流し込み	１日
大谷石積み	３～５日
コンクリートブロック積み	３～５日
自然石と土	５～７日
Ｌ字アングルと耐火ボード	５～７日

自然石を積み、土台を築く

かりかためる。木枠は最後に燃やしてしまう。

重量ブロック積みの土台は、ブロックの穴の中に砂利を入れる作業に時間がかかるが、解体しやすい。決して軽量ブロックでつくらないこと。鉄筋補強の手抜きも厳禁。

大谷石などの自然石を積んだ土台は味がある。滅多なことでは石は動かないが、上段の石についても念のために削岩ドリルで穴を開けて10㎜の異形鉄筋を貫通させておこう。普通セメントをゆるく溶き、穴の中に流して固定する。

自然石で土台をつくるなら、尖った石を選ぶ。丸石を積むのであれば、力が分散するように方向をそろえる。あるいはセリ矢で割る。

自然石を積み上げると、無意識に内側に傾斜がついて狭くなりやすい。できるかぎり面を垂直にそろえて、背面に小さな石を詰めてバランスをとる。上の石の重みが下の複数の石に分散されるようにするのがポイント。

また、27頁で述べたように鉄工所に頼んでL字アングルで土台をつくることも可能である。

焼き床をつくる

土台に断熱材を敷く

腰の座った土台ができたら、土台の上一面に断熱材を敷き、その上に焼き床をつくる。

焼き床づくりのポイントは、土台の縁をきっちりつくっておくこと。そうしないと断熱材がこぼれてしまう。耐火レンガと縁との間にすきまがあれば断熱材で埋めて、最後にセメントで封じればレンガは動かなくなる。寸法にとらわれずに臨機応変にやる。好みに応じて、きれいな石でも縁にはめ込めば楽しい。

断熱材とは、空気層がたくさんあって熱の伝導を防ぐ素材のこと。空気は熱を伝えにくいから、小さな空気の層がたくさん集まることで断熱効果を高めてくれる。ただし、空気の層が大きすぎると、その中で対流が起きるので断熱効果も薄れてしまう。

昔は灰を断熱材にしたが、いまどき大量の灰を手に入れるのは難しい。断熱性は劣るが砂が安い。買ったらしっかり乾かすこと。湿った砂は、熱を吸い込んで断熱にならないし、乾いてくるにしたがって水分の抜けたところからへこんでしまってデコボコになる。砂かパーライト（多孔質の建築用骨材）を10㎝程度敷く。もっと厚くてもよい。角材などで断熱材を平らにならす。その上に耐火レンガを並べる。

耐火レンガを水平に並べる

木槌かゴムハンマーで軽くたたきながら耐火レンガを水平に並べる。金槌で耐火レンガをたたくと欠ける。新品のうちはもろいのだ。

レンガを水平に並べるのが難しい。わずかな段差ができてしまって、後でパンを出し入れするときにストレスになる。段差を後で直すのは厄介なので、できるだけていねいに仕上げる。レンガのすきまを耐火セメントで埋めるなら、水でこねずに粉末の状態のままですきまに詰める。空気中の湿気で徐々にかたまるので、その間に微調整をする。

耐火レンガを並べ、焼き床をつくる

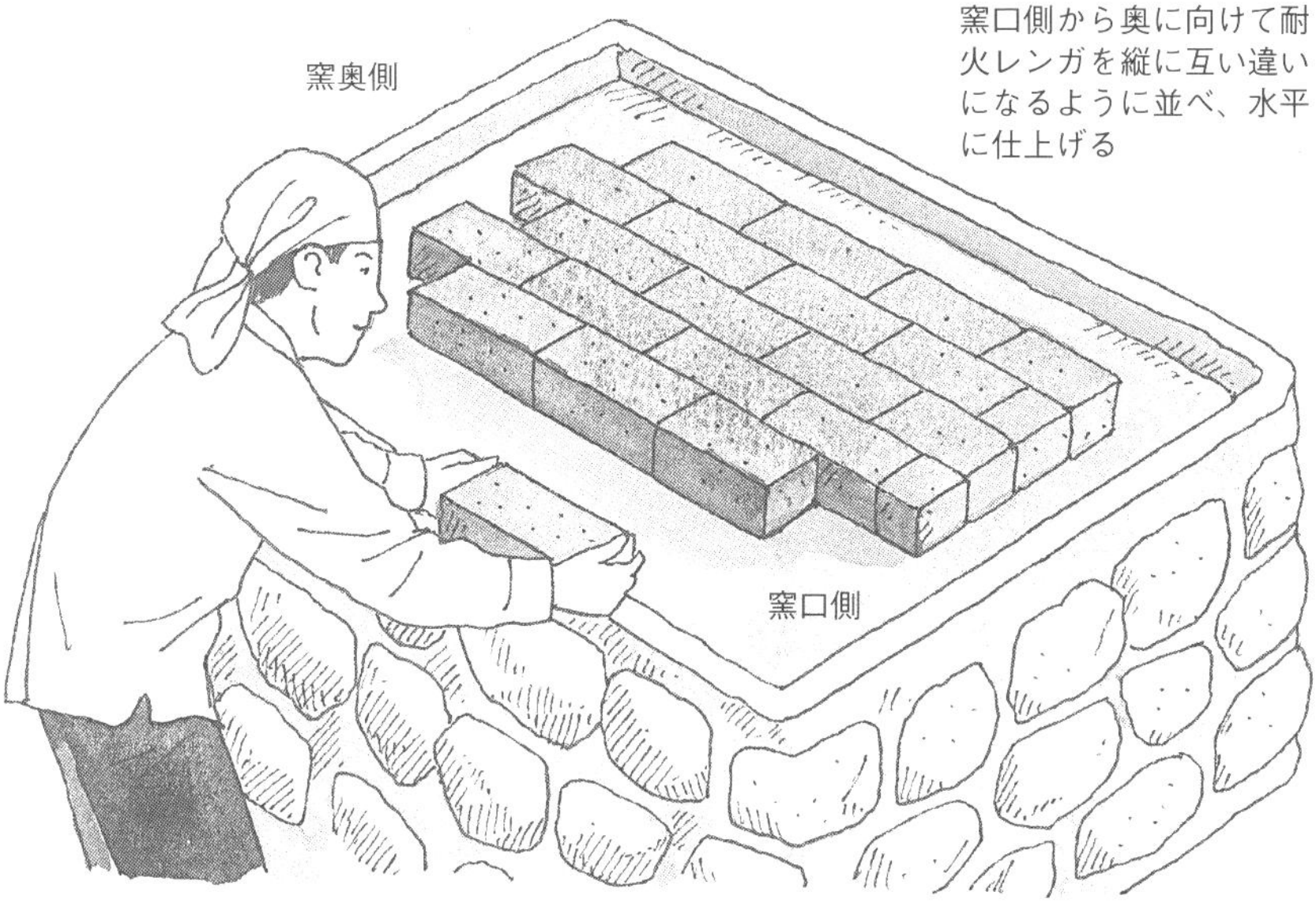

窯口側から奥に向けて耐火レンガを縦に互い違いになるように並べ、水平に仕上げる

土台の上に焼き床として、耐火レンガを敷き詰める

耐火レンガは、SK28〜34のものを選ぶ

焼き床は耐火レンガでつくるなら、段差なく水平に敷き詰めること

土台を組み終えた状態。焼き床として大谷石を組んでいる

レンガを段差なく水平に並べる自信のない方は、耐火セメントで上塗りする。この場合は、レンガのすきまを1㎝くらい空けて、そのすきまを耐火セメントで埋めながら焼き床を平らにする。セメントが一体化して、はがれにくい焼き床になる。ただし、広い面積を平らにセメントを塗るのは簡単ではない。というか、初めての人はまず無理だ。どうしてもデコボコができる。鉄板を置くと密着せずにすきまができるのでよくわかる。

耐火レンガを市松模様に並べるなら、隅のところには半分サイズに切ったレンガをあてる。あらかじめ半分サイズになった耐火レンガを買ってもいいが、ダイヤモンドカッターで切ったほうが現場合わせの融通が効く。

耐火セメントだけでつくる場合

焼き床を耐火セメントだけでつくってもよい。セメントをこねる手間はかかるが簡単。あわてて分厚く塗ると、セメントの中に泡が残って爆裂する可能性もあるので、ゆっくり空気を押し出すようにセメントを塗る。

いちばん大事なのは、セメントをきれいに塗り広げること。デコボコや傾斜のないように水平にきれいに塗るのは、初めてコテを握る人には難しいはず。でもやってみてほしい。多少のデコボコは許容範囲だけれど、極端なくぼみは、灰やおき火の燃えカスがたまるので、埋める。

耐火セメントは、普通セメントと違って砂利粒のような骨材があらかじめ入っているのだけれど、今回のような仕上げ塗りでは、骨材が表面に浮いてくると邪魔になる。そこで、耐火セメントをゆるめにこねて、茶漉《ちゃこ》しを通した上澄みをトロっと流すようにする。フライパンでホットケーキを焼くような感じだ。硬めにこねたものを流すと、収縮がきつくて表面にヒビが入る。

著者は、初めの頃は石窯の焼き床に傾斜をつけていた。古い文献など読むと、そうするように書いてあったのだが、これはだいぶ奥行きの深い石窯の話であって、自家用のサイズの場合、傾斜は不要だ。水平につくる。

窯口の扉を据える

扉を据えるポイント

ピザだけでなくパンも燻製《くんせい》もチキンも焼きたいというなら、扉が必要になる。鉄扉の製作を頼めば別に費用がかかるが、やはり扉は欲しいものだ。鉄製であろうと木製であろうと扉の素材にかかわらず、本体の製作に先立ってまず扉を据える。

もしも扉を据える予定がなければ、34頁で述べた窯口の大きさの木製型枠をつくり、一時的に扉代わりに据える。この順序を違えると後が面倒になる。

はじめに扉の位置を決めよう。土台の手前の縁から扉までの距離は、使い勝手を左右する。近すぎると、窯からピールで出したパンが勢いあまって落ちてしまう。距離がありすぎると、窯の奥までピールを伸ばしたときに不自然な姿勢になって腰が疲れ

扉代わりの型枠を定位置に据え、窯口周辺を仕上げる

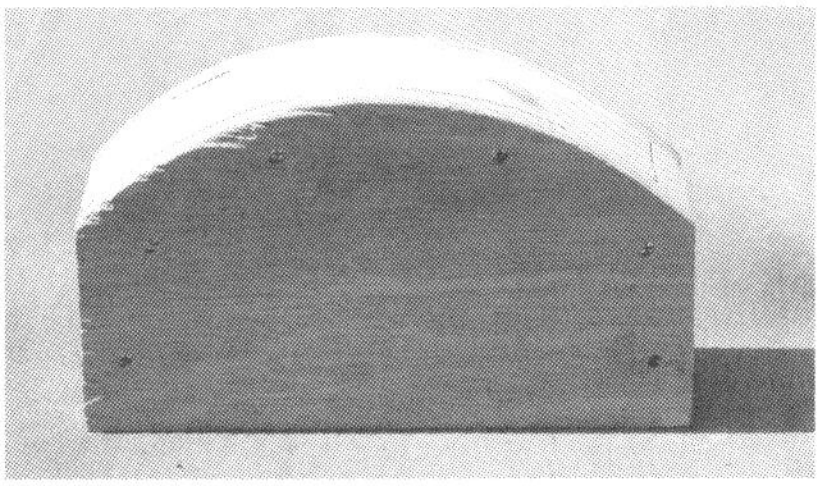
窯口の型枠。厚めの板を２枚重ねて釘でとめ、厚みをだしている

取っ手付きのふた状木製扉。もちろん手づくりの作品

この型枠もベニヤ板で２枚の半円形をつくり、木片を入れて厚みをだしている

扉(型枠)を正面中央に据える

る。

左右の位置と扉の角度も確認。土台のセンターに扉を合わせて真正面を向かせるパターンが多いが、四角四面の都会に飽きた人は角度をずらしたり、わざと土台の角を欠いたりしてもよいと思う。扉手前に自然石を埋め込んだりするのも楽しい。

次はもっと大事。垂直を確認する。小さな水平器を当てて、前後のぶれがないことを確認する。扉をそっと開けてみる。手を離したところでそのまま止まってくれれば大丈夫。

こまかい点だが注意したいのは、扉の下枠と焼き床との段差をなくすこと。これがあると、玄関の掃き出しの段差と同じで、おき火や灰をかき出すときに引っ掛かる。

扉は、しっかり本体に固定することが肝要だ。著者が石窯をつくるときには、扉に鉄筋を溶接して、これを本体ドームの中に埋め込んでしまう。どれだけ開け閉めしても揺るがない扉になる。

木造などの取りはずし式の扉でも、据え付ける場合の要領は同じ。きっちり閉めたときの位置、向きを決める。焼き床に対して垂直に立つことを必ず確認する。

　こうして位置が決まったら、動かないように固定する。これから窯の型枠をつくるときに、扉が型枠の土に押されて前傾したり、ずれたりしないよう。重しかつっかえ棒などで、一度決めた位置をキープする。

扉のメンテナンス

石窯の中でいちばん気遣ってほしいのが扉だ。外と中の温度差が激しい環境にさらされて水蒸気もあびる、薪の煙にもさらされる。重たい身体で開け閉めを繰り返す。まったく過酷なのだ。

わが石窯製作室では耐熱鋼を使った扉を委託製造

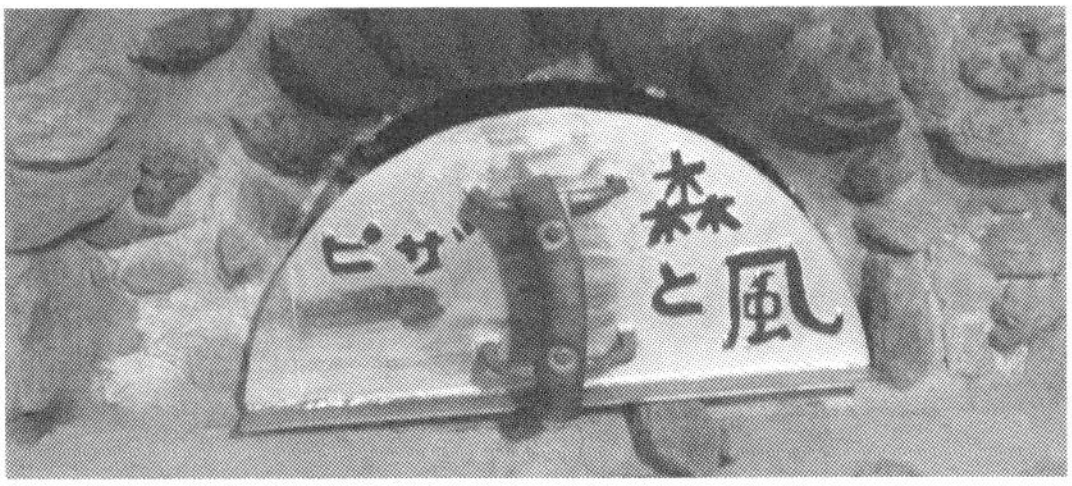

手づくりの木製扉。表と裏にアルミ板を打ちつけている

焼き床に対して垂直に立てた木製扉。自在にはずすことができる

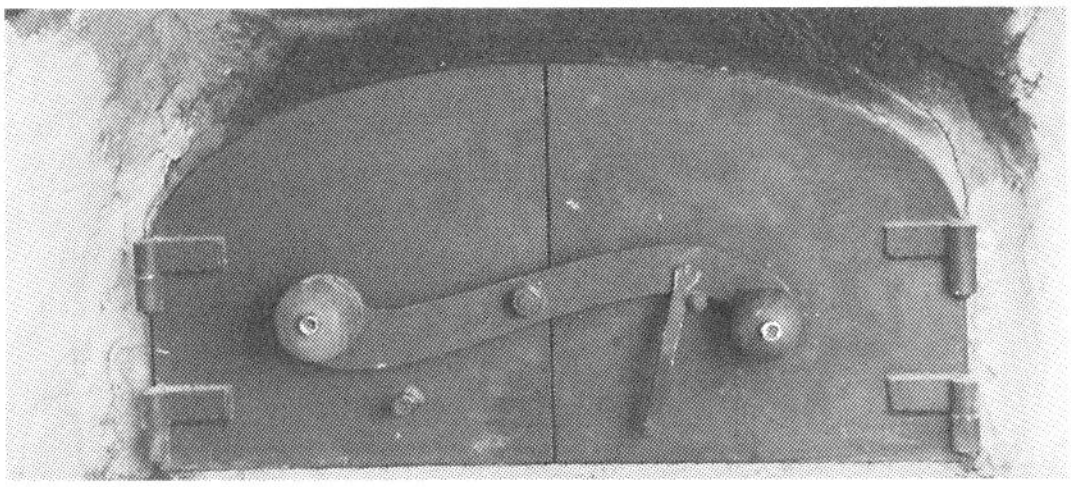
特注品の観音開きの鉄扉。枠のまま窯口に組み込んであり、スムーズに開閉できる

使い込まれた観音開きの鉄扉。黒光りし、もはや揺るぎのない存在

してもらっているが、読者の皆さんが鉄工所につくってもらうのであれば、おそらく厚さ6㎜程度の普通の鉄板になるだろう。であれば、煙の中に含まれる酸性成分で腐蝕しやすくもなる。ススが蝶番《ちょうつがい》に詰まって開閉がぎくしゃくすることもある。

石窯が一仕事終えたときがメンテナンスのタイミングだ。扉がまだ火照《ほて》っている間が大事。布に食用油を沁み込ませる。その布で、石窯周辺のススを拭い取る。真っ黒になった布で石窯の扉を拭く、というか油とススを扉にすり込むのだ。たとえば人間なども、風呂上がりに毛穴の開いたところで何かすり込むそうだが、そのイメージそのまま。

扉の鉄も熱くなるとゆるむ。放っておくと水分や酸性成分が沁みてサビや腐蝕を呼ぶが、それをススと油で防ぐ道理だ。磨き込めばやがて蒸気機関車のように艶《つや》やかに黒光りしてくる。顔が映るほどの肌《き》理《め》に惚れ惚れする。愛された道具は美しい。

扉そのものがぐらつくこともある。虫歯と同じで、最初はわずかなぐらつきが、やがて修繕不能になることもある。早めに手を打つ必要があるが、いろいろなパターンがあるので、ここでは書ききれない。

耐熱ガラスをはめ込んである扉は、中でパンがふくらむようすも見えてとても楽しいし、構造によっては薪ストーブのような見せ方もできるが、耐熱ガラスが破損するケースもある。多いのは、物理的なショックと、熱くなったところに水を引っ掛けてしまうパターンだ。だから不特定多数でにぎやかに使う場所では、耐熱ガラスはお勧めしない。

耐熱ガラスを使う場合には、ガラスが簡単に取り替えできる仕様につくる工夫が必要だ。扉の構造に合わせたこまかい設計、施工になるので、希望者には個別の相談にのることにする。

窯本体を形づくる

土で型枠をつくる

土台に上って、焼き床の上にドームの内径をチョークで描く。このときにドームの頂点も焼き床にマークしておこう。球形のドームなら円心に、あるいは楕円状などのドームなら円心を少し後ろにずらしたあたりだ。極細の角材かなにかで、天井の高さまでの棒を立てておく。その先端を天井の頂点の目印として土の型枠を積み上げていくことになる。

土で型枠をつくるところから石窯らしい作業が始まる。めったにないイベントなのだから仲間を呼ぼう。土を掘ってくる人、一輪車で運ぶ人、土台に土を盛り上げる人など、ちょっとしたお祭り状態になる。

このとき砂では崩れるので粘土質の土を使う。腐

焼き床に耐火レンガを並べ、本体ドームの下部にあたる部分(立ち上がり)を形づくる

焼き床の上に本体ドームの内径や形状の目安をつけ、チョークで描いたりする

天井の頂点の目印として、焼き床の中心部分に細い棒などを立てておく

焼き床の上に、あらかじめ太い丸太や薪などを積み重ねておく

焼き床の上にどんどん土を盛り上げ、本体ドームの型枠を成形する

丸太や薪などを重ねて置いておくと、後で上にかぶせた土をかき出すときに好都合

葉土もへこみやすいから不可。ただし、全部土でつくると、後でかき出すのが重労働なので、はじめは短く太い丸太など出しやすいものを置く。それから土のうを積み上げて、おおむね最後の段階になったら土を上乗せして土で成形する。木工に慣れた人は、板を切って枠にするのでもよい。この場合は、便利なことに、後でかき出したりせずに燃やしてしまえばよい。

据えつけた扉は、厳重に閉めておく。開けてしまったら中の土が飛び出してきて大変なことになる。型枠の土をかき出すときまで封印。

先に描いたチョークのラインに沿って土を塗り上げていく。

焼き床からの立ち上がりは、10㎝ばかり上に垂直にすると使い勝手がよい。これが垂直でなくて鋭角になっていると、おき火が逃げ込んで片づけにくい。焼き床の縁を浅く溝にしておき、おき火を落とし込めるようにしておくと便利。

さらに土を仕上げていく。いろいろな角度から眺めて、形のバランスを見る。たいてい斜面の部分が

土による本体型枠づくりの工程

①一輪車で山盛り10杯以上の土が必要

②チョークで内径、円心などをマークする

③ドームの周壁となるレンガを下部に積む

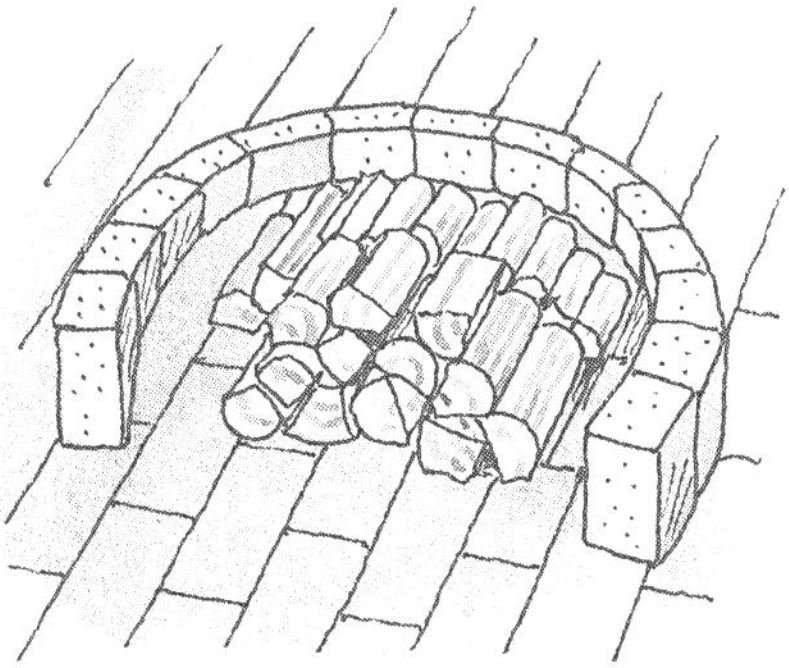

④土をかき出しやすくするため、薪を入れる

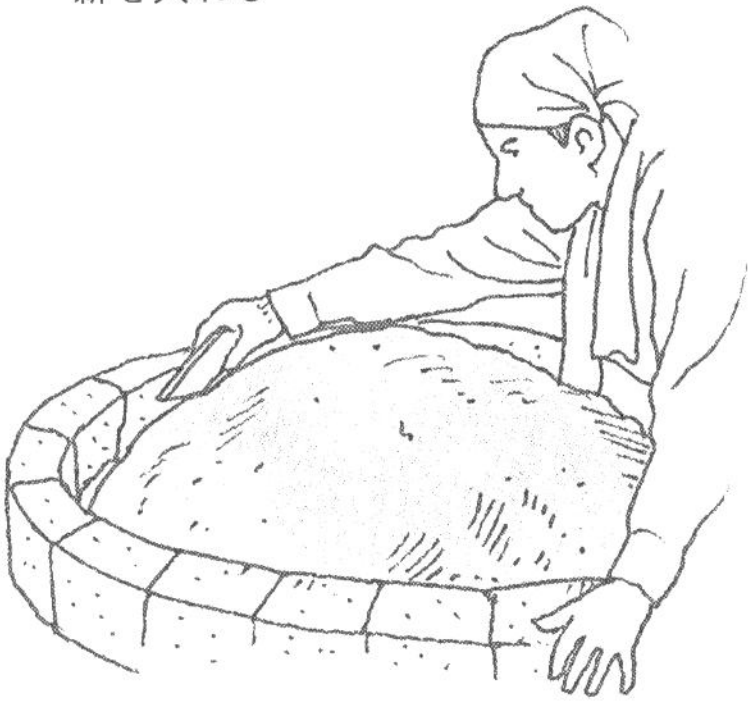

⑤どんどん土を加え、形を整えていく

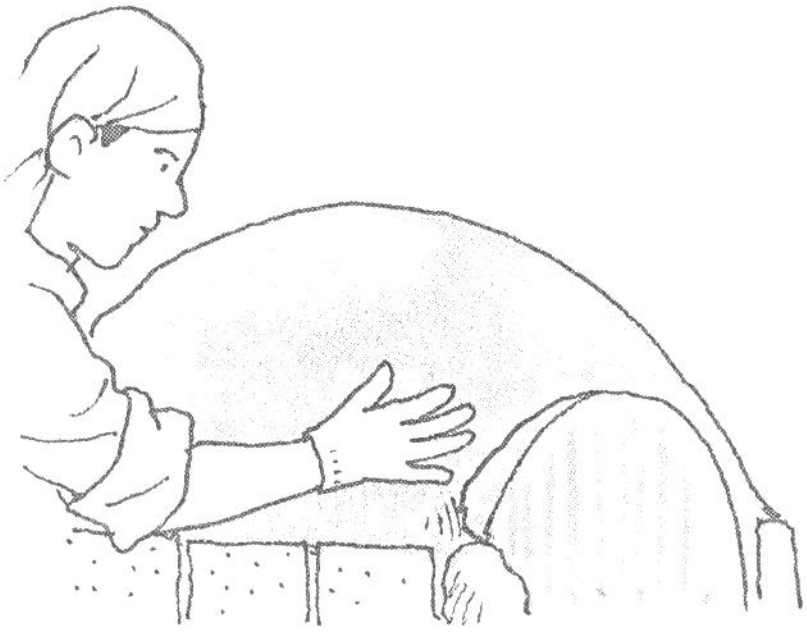

⑥土の表面をなめらかに仕上げる

棒のてっぺんまで新聞紙が届くようにする。ドーム状にするため、全体の形を整える

濡れた新聞紙を広げ、土の上に貼りつける。さらに新聞紙を貼り重ね、デコボコを調整

平面になりがちだ。目先の仕事にとらわれず、時々、離れた距離から眺めて全体像を確認する。少しでも平坦な箇所があれば、そこに土を塗りつけて曲面にする。満足したら一服。

濡れた新聞紙を貼りつける

おやつを楽しむ間に、2週間分くらいの新聞紙を水に漬けておく。なるべくしわにしない。十分濡れた新聞紙を3日分くらい重ねて広げて窯にぺったりと貼りつける。こうするとデコボコが際立つはずだ。こうして張り子のように新聞紙を貼り重ねながら、凸凹を微調整する。部分的にへこんだ場所は新聞紙を切り貼りしてならす。きれいなドームができてくる。窯の立ち上がりや扉との接合部など、端にも気を配りながら新聞紙を貼って整える。

作業のはじめに立てた棒のてっぺんまで新聞紙が届けばOK。あとは全体の形を整える。斜めの部分の肉付きが悪いことが多い。十分なふくらみでドームをつくらないと危ない。この上に耐火セメントを塗るまで、新聞紙が乾かないようにしておく。

窯口まわりを仕上げる

窯口のデザイン

窯の扉は顔である。扉の縁取りも自然石やレンガで格好よく決めたい。レンガのアーチはつくりやすくて強いし、最近は化粧用のレンガも多くなった。ただし、アーチの頂部にはかなり熱が当たるので、耐火レンガでない場合には、熱で割れる可能性もある。煙突があってもアーチは煙のススで真っ黒になる。その点も見込んだうえでデザインしよう。

普通の直方体のレンガを積むのでもよいが、クサビに近い形のテーパー（傾斜）付きレンガもある。自然石をアーチに積んでも楽しい。

レンガは、先に据えつけた扉のアーチに沿って積み、目地を耐火セメントで埋める。きれいなアーチのポイントは、次のとおり。

扉の型枠を据えた窯口のまわりに自然石をあしらい、耐火セメントでかためた状態

レンガの並べ方、積み方のポイント

レンガの下に小石やレンガの破片、植木鉢のかけらなどを置いて角度を調整

レンガのすきまを均等にあけ、目地用のコテで丹念にセメントを埋める

①レンガの積み方が左右対称であること。

②レンガのすきまが均等になっていること。

地面にベニヤ板を置き、鉛筆で扉のアーチと同じ形を描いてレンガを並べてみる。レンガ同士のすきまをうまく均等にする。下から並べていけばアーチ頂部ですきまがあくし、上から並べれば下ですきまがあく。耐火セメントで埋めれば無難だが、頂部にキーストーン（要石）として、自然石など収めても楽しい。

ベニヤ板を並べ、レンガを積む

こうしてレンガを並べた横に、細長い別のベニヤを並べて、レンガの下の角をマークする。この板を扉の横に立てる。マークした線にレンガの角が来るように左右それぞれ積み上げる。

アーチでなくともよい。頂部の要には、俗に「まぐさ石」という長めの石、あるいは細長い2丁長レンガを使う。これはなかなか売っていないので取り寄せになる。

耐火セメントで本体ドームを成形

耐火セメントをこねる

ドームの新聞紙に耐火セメントを塗っていく。新聞紙が乾いて風にあおられるようなら、いまいちど刷毛《はけ》か霧吹きで湿らせておこう。

焼き鳥の串を20本ばかり用意する。串の先端から3cm、5cm、5cmの間隔で目印をつける。その串を、新聞紙の上から随所に3cmのマークの深さまで突き刺す。ドームはハリネズミ的な姿になる。この串が、セメントを塗っていくときの厚さの目安になる。

次に耐火セメントをこねる桶と、こねクワを用意する。力に自信のない人は、電動のセメントミキサーをレンタルするか応援を頼もう。一人ではきつい。

地べたにこね桶（舟）を置いてこねると、一発で腰痛になる。そこで高さ50cmほどの台に舟を置き、舟の片側の下にブロックでもはさんで舟を傾ける。耐火セメントは、普通セメントと違って砂も砂利も混ぜない。つまり、増量がないので高い素材なのだ。

初心者は、セメントの山に水を入れる方式だと、うまく混ざらないことが多い。そこで発想を逆にして、前述のようにこね桶（舟）を傾けてセットする。傾きの上側のほうにはセメントを入れ、下側に水を少なめにためる。そして、水に少しずつセメントを入れ、じっくり水をなじませながらこねる。一度にたくさんこねると水かげんがわからず難儀するから、こうやって少量ずつこねていくのが無難だ。セメントはこねたら数時間で使いきる。昼休みには使いかけのセメントがないようにしよう。

最初のセメントは少ししっかりした感じにこね上げる。最初に塗る部位は、窯のいちばん下の裾まわりだから、ここがゆるいとセメントの上塗りができずにつぶれてしまう。

耐火セメントを塗る順番

セメントを塗る順序を示した（次頁のイラスト参

耐火セメントをこねて塗る

①台の上に舟を置き、片側を低く傾けてこねる

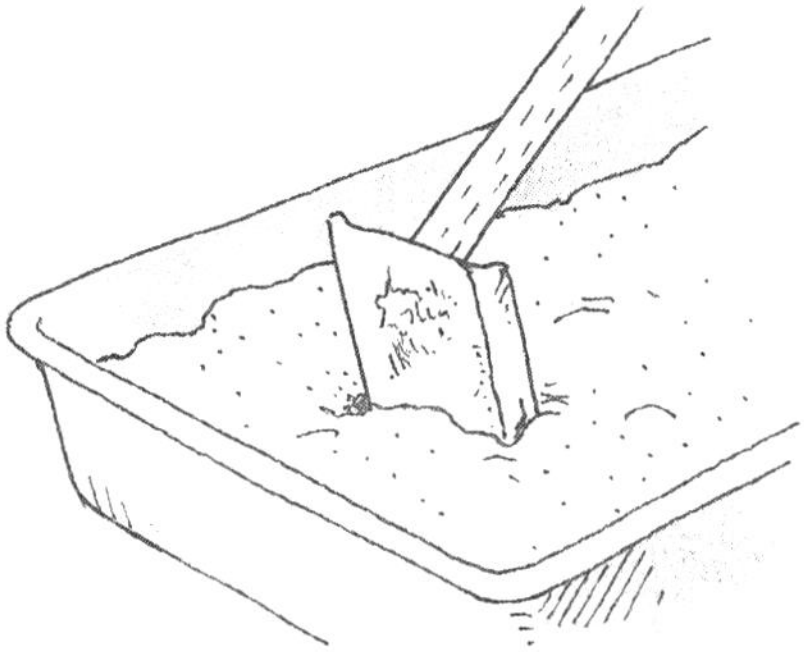

②水に小量ずつセメントを入れ、なじませながらこねる

③耐火レンガの目地にセメントを入れ、すきまを埋める

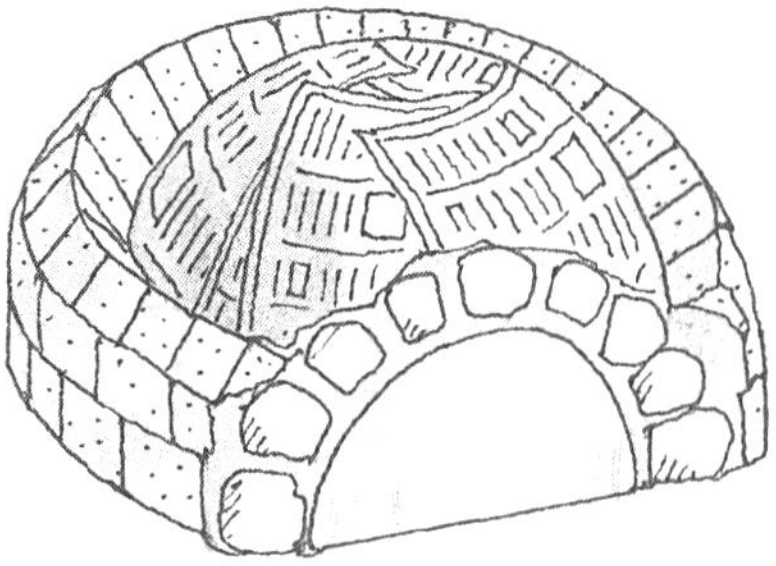

④周壁や窯口の周囲にもセメントを塗り込む

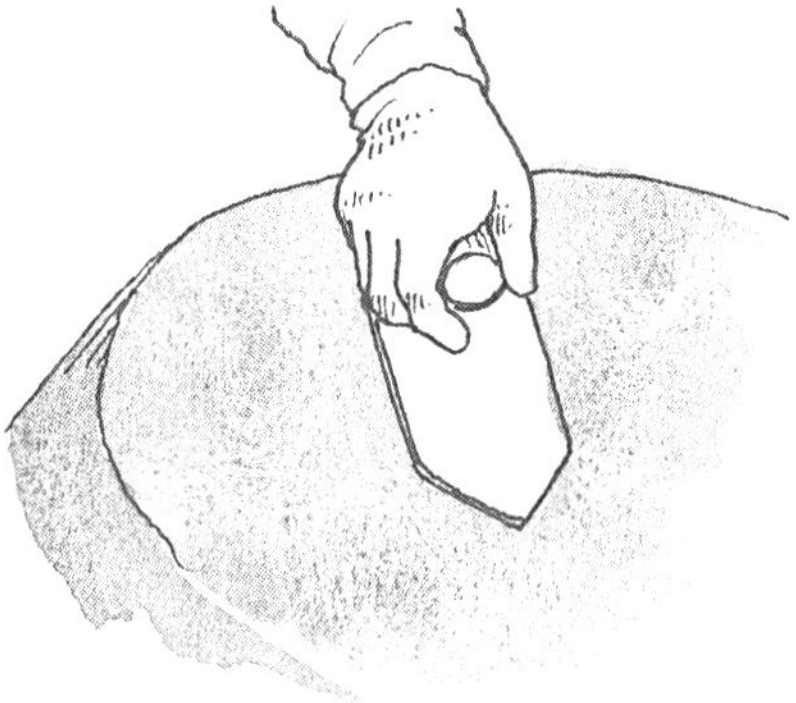

⑤本体ドームの屋根にあたる部分にも均一に塗る

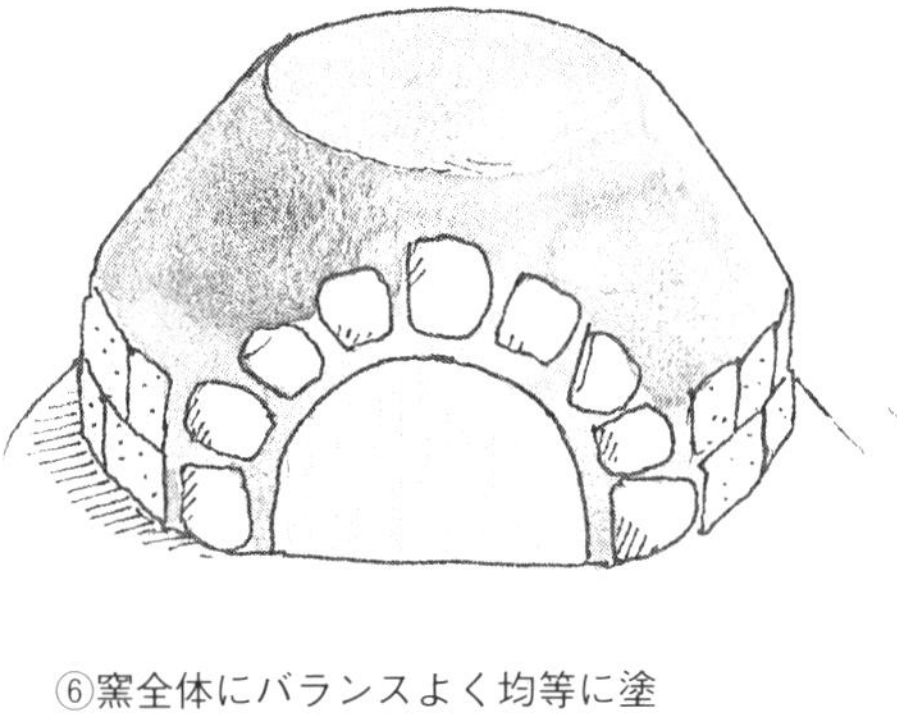

⑥窯全体にバランスよく均等に塗り終える

照)。ひととおり塗ったら、さらにその上に、薄く、下からだんだん上に向かって塗っていく。

慣れないうちは、厚めに塗らないで、何度も塗り重ねるつもりで進める。厚く塗ると、セメントの中に気泡が残ってしまう。そのままかたまると、いずれ熱くしたときに気泡が膨張して爆裂することもある。左官屋さんのように薄く均一に塗りのばすのは難しいから、気泡を押し出すように、少しずつ塗る。表面はなめらかにしないでコテの跡をつけるほうが、塗り重ねるときにセメントが食いつきやすい。

全体をバランスよく、均等に塗り進める。セメントの厚みは前述の突き刺した串で判断する。とりあえず初日で5㎝くらいまで塗れたらよし。それ以上の厚みになると、セメントが柔らかめの場合には、ドームの肩の部分が垂れてしまうことがある。

セメントの凍結は厳禁だ。真冬のセメント塗りはできるだけ避ける。やむをえず真冬に作業するなら、夜は必ずブルーシートや毛布で養生して凍らないようにする。

少しずつセメントを塗り重ねる。竹串や棒などを刺してセメントの厚みを判断

型枠の土をかき出す

乾燥後、土をかき出す

セメントを塗り終えたら、ひと段落と思っていい。耐火セメントは乾くのが早い。一晩待って石窯と対話しよう。

ドームの表面に亀裂が入っていないだろうか。夏の日射が強いときに塗ると、乾燥が速すぎてヒビ割れるから、ブルーシートで日陰にして急速な収縮乾燥を防ぐ。あるいはセメントがかたまる途中で、軽く刷毛で打ち水をやる。無機質なセメントも、手をかければ生き物のように愛おしい。セメントだって人間やお米と同じ、大地から生まれた仲間なのだ。

そろそろ封印していた扉を開けてみよう。急がないで。ゆっくり。

型枠として詰めた土が目の前でみっしりと重量感を放つ。息を詰めながら扉のぐらつき、垂直をチェック。

中の土をかき出す。はじめは硬い土を崩すのが厄介かもしれないが、途中から出しやすい丸太や土のようになってくる。

石窯の天井にこびりついた土が取りにくいこともあるが、扉を開けて乾かせば、いずれぼろぼろ落ちてくる。最後まで壁にへばりついている新聞紙は、きれいに全部取れなくても、最後に燃やせばいい。

焼き床からのイメージ

焼き床に残った土をきれいにかき出せば、焼き床も見えてくる。おいしいものが焼かれていく風景がリアリティをもってくる。ここまでつくった実感を味わいながら、いくつかチェックする。

扉の敷居と焼き床の段差はないか？　もしあったら、いまのうちに薄い耐火セメントで段差を埋める。

薄暗い窯の奥まで眼をこらし、天井まで見わたせば、そこには半天球のささやかな宇宙が広がっているだろう。創造主は、あなただ。

乾燥からフィニッシュへ

火を焚き、水蒸気を出す

石窯づくりには、「急ぐべからず」なことが多い。火入れはその筆頭だ。急に強く火を焚くと、セメントの中に残っていた水蒸気が急に膨張して爆裂を起こすことがある。全部が壊れないまでも、窯の一部が割れてはじけてしまう。溶鉱炉をつくる業界では水蒸気爆発といって、要注意事項とされる。著者の石窯では爆裂の事例はないが、注意に越したことはない。

扉を開けたままで、まずは軽く小枝でも燃やしてみよう。窯の水分がものすごい水蒸気になって出てくることだろう。窯が、全身から湯気を立てる。これをもって入魂式と思っていただきたい。

ここであなたの眼差しは童心に返っていいのだけれど、薪を繰り出す手は大人のままだ。あくまで火は軽く焚き、粛々と水蒸気を出そう。数時間の空焚《からだ》きを数日かけて繰り返す。日ごとに水蒸気が減っていく。同時に空気の流れもチェックしておこう。外から流れ込んできた空気は、焼き床をなめるように低く這《は》い入り、奥に突き当たったところから今度は窯の天井を伝わり上って外に出て行くはずだ。その流れが水蒸気や煙でうかがえるはず。

水蒸気が出なくなってきたら、だんだん薪の量を増やしていく。壁の天井にこびりついていた新聞紙も、いつか燃えてなくなる。その頃合に、今度はススが黒々と天井を染めだしてくる。随時、窯をチェックする。ヒビ割れはどうか？　多少なら後で補修できる。大きなトラブルがなければ、どんどん薪を焚いてみよう。

「スス切れ」まで薪を燃やす

スタンダードサイズの石窯は、薪もそんなに消費しない。細めに割った広葉樹がつねに3本か4本くらい石窯の中にあるように継ぎ足しながら、燃や

本体ドームの下部から普通レンガを積み上げ、外壁を築く

まずは小枝などを入れて着火。徐々に燃材を加えていく

断熱効果を高めるため、本体ドームが隠れるまでに砂や灰などを積んでおく

太い薪も加えるが、あくまで軽く焚く。空焚きを繰り返し、セメントの水蒸気を出す

してみる。しばらく燃やすうちに、窯の内側を真っ黒に染めていたススがなくなっていく。「スス切れ」といって、この段階で窯の内側の表面温度がおおむね600℃くらいになっている。パンを焼くにも、この状態が目安だ。火かげんについて詳しくは第4章で説明する。まんべんなくスス切れするまで、薪を燃やしてみよう。

こんな作業を数回やったら、もう一つステップアップしよう。薪をもっと長い時間燃やして温度を上げる。5時間かそれ以上すると、内側の壁が紫外線を発しはじめて真っ白に光りだす。この段階に至って表面温度は1000℃を超える。壁が直視できないほど神々しくまぶしい。目を傷めないよう。

ここまで熱くなると石窯が冷めるには一晩かかるから、身近に可燃物はいっさい置かないこと。念のため周囲に水を打っておく。

この通過儀式を終えて、めでたく一人前の石窯だ。もちろん、後日、時間や経費に余裕がある場合、断熱用の外壁をつくってもよい。

まずは乾杯。

第３章

本式＆個性派の石窯を求めて

薪をくべ、おき火をつくってから料理する

自然素材&自然石の石窯

自然素材でつくる石窯

自然の素材だけで石窯をつくりたい、という希望も多い。日干しレンガを焼くところから始める人もいる。リスクは高いけれど、素敵な挑戦だ。

成否は素材にする粘土の質で決まる。粘土で窯の本体をつくるには、炭焼き窯に使えるような質の高さが必要だ。地元の炭焼きの方なら、窯に使える粘土の所在をご存じだろう。

掘ってきた粘土を、両手で握るくらいの大きさの団子にして硬く乾かし、焚き火に入れてみる。これで崩れるようでは失格。あるいはこの段階で崩れなくとも、いざ大きな窯をつくって火入れをすると崩れることもある。炭焼き窯をつくった実績のある粘土ならいいが、まったく未知数の粘土は不安だ。安全策をとるなら耐火セメントを混ぜる。耐火セメントを粘土に混ぜるのはイレギュラーな手段だから、混合の割合は自分で判断する。

石窯の近くに、まず粘土の置き場をつくる。2～3畳ばかりの広さに、地面を20cmほど掘り下げて防水用のブルーシートを敷く。粘土と切りわら、水を混ぜて長靴で踏んづけてこねる。はじめの水分は田植えのときぐらいの多めでいいだろう。日がたつにつれて乾いていくものだ。体力の限界までしっかり踏んでおこう。著者は水田の土（荒木田土）を粘土として使ったこともあるが、良い窯ができた。

切りわらは過度の収縮を防ぐために混ぜるのだが、他の繊維質で代用してもよい。昔の民家の土壁も、わらのない地方では篠竹やシュロなど、地域にあるものを利用している。こねたら、数週間ほど寝かして、踏んだ感触が粘っこくなるのを待つ。寝かす間はブルーシートを上にもかけて雨と太陽を防ぐ。熟成という表現は土にもあてはまるようだ。昔の土壁職人さんは「掘ったばかりの土は暴れるので、寝かして殺す」とも言ったらしい。

田んぼの土、切りわらなどで本体ドームをつくった上に断熱材をかぶせ、その上に外壁をかぶせた石窯

崩れない堅固な本体をつくるには、ただ塗るのでなく、徹底的にたたきしめながらつくる。硬い丸太の一面を平らに削り割ったもので親の敵《かたき》のように平手打ちする。焼き床もドームも、薄く塗り重ねてはまたたたく。こういう作業のための民謡が各地にあるはずだから、皆の衆で声を合わせて勝負をかける。

できあがったら、ゆっくり乾かす。雨にあてるのは論外。夏の直射日光もご法度《はっと》だ。急激な乾燥で割れないように、日陰をつくる。火入れはひときわ慎重に、ゆっくり窯のようすをみて始める。しかし、実際の現場では、著者がそう注意しているそばから、さっそく薪を猛烈に焚きつける御仁がいるのだ。待ちきれない気持ちはわかるが、ことと次第によっては勇み足で窯が壊れる。

日がたち、乾くにしたがって、本体の表面にヒビや亀裂が入ってくる。この現象はほぼ確実だ。火を焚くと、煙が外に漏れてくることもある。亀裂は恐れず上手につきあうこと。粘土で石窯をつくったら、しばらくは断熱材で覆わないで亀裂の出方をうかがうこと。しかし、いつまでも断熱をしなければ、亀裂は後からまた出てくる。なぜなら、断熱しなければ熱さ・寒さの温度差が大きいままだからだ。極端な膨張と収縮を繰り返すかぎり亀裂は収まらない。

亀裂は外側から埋める。耐火セメントの残りを少量、水で溶いて埋める。粘土だけでつくりたいのなら水に溶いた粘土で埋める。小さな穴なら流し込むようにする。たいていの亀裂は、煙が漏れる程度の細いものだ。あまり細い亀裂だと、上からセメントや粘土で埋めても食いつきが不十分ではがれてしまう。そのときには亀裂を少し削り込んで深くしたところにセメントや粘土を流す。

ところで、耐火セメントには、あらかじめ骨材になる粒が混合されている。耐火セメントの種類によっては、骨材の粒が大きめであるために、亀裂の溝にうまく流れ込まない場合もある。そのときには、水で溶いた耐火セメントを茶漉《ちゃこ》しで骨材だけ濾《こ》し取ってしまう。とろとろのミルク状態で流し込む。

粘土だけでヒビを補修するときには、前もって地の素材を湿らせておき、補修した上からたたきしめて、下地になる本体となじむようにする。

亀裂を修復できたら、頃合を見切って断熱材で本体を覆ってしまおう。断熱層の厚さは、断熱材の種類にもよるが、砂であれば頂上部で最低30㎝以上の厚さにしたい。砂は断熱効果がパーライトなどの素材より低い、つまり熱を通しやすいので、砂の厚みは厚いほどよい。使用しながら砂のいちばん上に手を当ててみて、あまりに熱ければ断熱が不十分である証拠だから砂を足す。濡れた砂では熱が逃げるので、必ず乾かすこと。

自然石を生かしてつくる石窯

自然石を積みたいという方も多い。石窯を石でつくるのは、まさに王道である。はっきり申し上げていちばん難しいが、地元に良い石があればぜひ挑戦していただきたい。

ドームを自然石でつくる方法は、次項のレンガ積みに準じる。そのために、不ぞろいな自然石を耐火レンガのようにこまかく切っておく。川原の丸い石で本体ドームをつくるのはまず無理だ。角の立った

不ぞろいな自然石を生かして土台を築く。時間はかかるが、石窯づくりの王道

石窯の土台として、石垣用の御影石(間知石)を積んだパターン

自然石で土台を築く途中。正面のドーム状の型枠のところは薪置き場

自然石を積んだ土台の部位(石の間は粘土だけ)

石を選び、ある程度サイズをそろえる。ドームの厚みになる部分をせいぜい15㎝くらいで止めておく。第1章で述べたセリ矢やノミで、昔の石工は、膨大な石垣の石を、決められた寸法どおりに切り出した。

どんなに精巧に切っても耐火レンガほどサイズがそろうことはないのだから、じっくり積んでいこう。すきまを埋めるのは耐火セメントでも粘土でもいいだろうが、耐火セメントのほうが無難だといえる。

石を積む作業は、人間の本性に触れてくる満足感があり、それは見る人にまで伝わるものだ。この空気は経験を積んでこそわかる。なにごとか成し遂げた人間だけの充足がある。

遠き山に陽は落ちて
星は空を ちりばめぬ
今日の業を 為し終えて 心軽く 安らえば……

歌うのはおおいに結構ながら、石積み作業は、気をゆるめると腰を痛めやすい。気をつけてチャレンジしてください。

耐火レンガでつくる石窯

耐火レンガでドームを築く

著者が石窯づくりを始めた十数年前は、数少ない文献のどれもがレンガ造りだった。耐火セメントが発明される以前はレンガが定番だったし、なにしろ気に入るまで何度も解体してつくり直せる。大事に使えば、我々よりはるかに長生きだ。

耐火レンガで焼き床をつくるところまでは第2章と同じだ。この上に耐火レンガでドームを築く。耐火レンガのドームの形は半球形が一般的だ。なぜなら、耐火レンガのすきまが均等にできるし、構造的にも非常に強いし、そもそも半球形であることが火の廻り方、熱の廻り方など、均等に行き渡りやすいからだろう。なお、耐火セメントだけでつくる場合には、その点、耐火レンガと違ってすきまのことを考えないでよいので、構造的に自由な形をとりやすい。

1段目のレンガをぐるりと円形に一周並べたら、すきまに耐火セメントを詰める。1段目のレンガの上にもセメントを置く。次の段（2段目）だけ、レンガを斜めに切ったものを使う。垂直に積んだ1段目とドーム状に傾斜が突きはじめる3段目との仲介役を務めるのだ。こうして、セメントを詰めながら一段また一段とレンガを積んでいく。上の段になるほど、曲率が大きくなるのでレンガのすきま（外側のほう）も大きくなる。それゆえ、けっこう耐火セメントを使うことになる。

セメント作業は一気におこなう

セメントについて大事なことを記しておく。

よく誤解している人がいるが、セメントは接着剤ではない。ひとりでにかたまるだけがセメントの芸だ。相手に合わせて自在な形でかたまることができる。それがゆえに、他者をがっちり囲い込んで固定する。だから、ドームを積む場合にも、レンガのすきまに詰めたセメントがすべて一体化してはじめてレンガを固定できるのだ。

逆に、一体化するはずの目地セメントがどこかで途切れてしまうと、ドーム構造が不安定になる。よくある失敗パターンは、先に塗ったセメントが乾いて硬くなった後に次のセメントを塗った場合だ。食いつきが悪くてはがれたり割れたりする。だから、セメント作業は、できるかぎり一気にやってしまいたい。それが無理な場合には、次に塗る部分を、つるつるに仕上げないで、デコボコの多い荒れた状態にとどめておく。次のセメントが食いつきやすい余地を残しておくのだ。

ドームを耐火レンガでつくる場合は、23㎝強のいちばん長い部分（長手）を半分に切って、それを厚みとする。昔の本は、レンガを切らずに長手のまま使っている。つまり23㎝以上の厚みの石窯になったわけだ。著者も初めの石窯はそうだった。当然、蓄熱性は良いが、そのぶん薪を消費する。自給用ならそこまで厚くする必要はない。むしろ断熱を厚くすればよい。

レンガは小口を内側にして積む

柱がなくても丈夫なのがドームやアーチの特長だが、下手をすると瓦解《がかい》する。基本は、レンガの角をきっちり合わせること。このポイントをはずすと、レンガがすべって崩れる。

著者はレンガ積みの石窯が崩れた経験はないが、かつて崩れた石窯を拝見したことがある。屋根をつくる前に雪が積もってつぶれた、という説明だったが、レンガのドームは本来、雪が積もったり象が乗ったりしたくらいではつぶれないのだ。

繰り返すが、レンガを積むときには小口を内側に向ける。この積み方ならば、一定の表面積の中で、レンガの角と角が付き合う接点が多いので、支える力が強くなる。レンガを節約したいとか、積む手間を省きたいと考えて違う積み方をしたら、元も子もなくなる。

もう一つ大事なポイントは、ドームを積むときに決して平らな場所をつくらないこと。ずいぶん曲率がゆるくてもドームの構造は強い。しかし平らになっては絶対にダメだ。石窯のドームはゆるい曲率なので、気を抜くと平らな面ができてしまう。したがって、型枠をつくるときに細心の注意を払うこと。

レンガ窯の型枠づくり

型枠をつくるとき、第2章で書いたように土を使うのであれば注意が必要だ。レンガを積みながら角を合わせたつもりでも、レンガを木槌でコンコンたたくので、硬いレンガが土にめり込んでずれやすい。ゆえにレンガで石窯をつくるときには、型枠は木でつくるほうが無難だろう。

きれいな曲率にするために、気硬性の樹脂で型枠の表面をなめらかに成形したり、発泡スチロールで型枠をつくったこともあった。発泡スチロールの型枠は、パーツ分けしてつくっておいたので、後で引き出すときは軽くて簡単だった。

正面の窯口のアーチとドームとの接合部。それと曲率のきつくなる頂上部のレンガ積みは難しい。レンガのすきまができるだけ均等になるよう調整しながら根気よく積む。そのためにも、全体のバランスに目配りしながら進める。頂上部はレンガをクサビのように削りながらの作業だ。面倒であれば、頂上だけ耐火セメントを流し込んでふたをする。融通無碍《ゆうずうむげ》とはこのことだ。

正面の窯口まわりのアーチも、レンガを積むのであれば、きっちり左右対称となるように美しく積もう。ぶっつけ本番でアーチに積んでいくのは難しい。そこで地面で片側に並べて目盛りをつける。逆側もそれに合わせてレンガを積む。

アーチ用に、傾斜（テーパー）がついたレンガもある。アーチやドームの頂部は要なので、キーストーン（まぐさ石）と呼ばれる石をのせて決めを出すこともある。

クサビを打ち込む

耐火レンガのすきまには、耐火セメントの代わりに粘土を使ってもいい。この場合にはドームがすべてできあがって粘土も詰めきった段階で、すべてのすきまにクサビを打ち込む。クサビは植木鉢のかけらでいい。コツコツ打ち込んで全体のバランスを整

威風堂々の耐火レンガ窯

える。これをしないと、石窯が焼き込まれて目地の粘土もかたまるまでレンガ同士がぐらぐらしたままだ。そもそも、よほど石窯を熱くしないと、目地に詰めた粘土がかたまるほどは熱くならないから、このクサビ打ちは不可欠となる。なお、耐火レンガのすきまを耐火セメントで埋める場合にはこのクサビ打ちは不要だ。

　クサビを打つときは、全体をまんべんなく、少しずつ打ち込んでいく。そうやってすきまのバランスをとる。打ち込むにつれてレンガ同士が引き締まっていくようすが感じられるだろう。心地《ここち》よい作業だ。

　完成した耐火レンガのドームは、耐火セメントにはない威風堂々の風情がある。歴史そのものを築いた気分になる。数千年前の古代の人々に気持ちが届く。あるいは数千年後の未来の人たちは、どんな気持ちでこのドームを眺めるだろうか。残念ながらこのドームは、壁で囲んで断熱してしまうと眺められなくなる。せめてそれまで束の間の感慨に浸っておこう。

連続燃焼方式の石窯

つねに温度を保つタイプとして

薪を燃やして適温を推し量るのは、石窯ならではの所作だ。いまどきの日常生活でこうした感覚の出番はないのだから、ぜひ身につけてほしい。しかし、体験施設などで初めて石窯のパン焼きを経験する利用者にとっては、これがハードルとなる。

生地の醗酵のタイミングと窯のタイミングを上手に合わせるのは、現場でイベントを担当するコーディネイターの力量にかかるが、そんなに簡単ではない。著者も石窯パンの体験ワークショップなどでは冷や汗をかく。それに断熱が不十分だったり、窯本体が家庭の自給用であまり大きくなかったりする場合には、適温になっても冷めやすい。

そういった条件を解消するために、副燃焼室で薪を燃やし、その熱をつねに供給して温度を保つタイプとして、連続燃焼方式の石窯がある。

燃焼室をもう一つつくるので、それだけ手間はかかる。第2章のスタンダード石窯のように、基礎から土台までコンクリートを流し込んで一発完了、というわけにもいかない。土台に副燃焼室をつくり込むために、その段階からこまかい設計施工になる。使う人の事情に合わせた設計施工が要求される。スタンダード石窯をつくるときの倍の手間はかかると思ったほうがよい。

しかし、温度が下がる心配はないので、不特定多数で楽しむ体験型の石窯には向いている。副燃焼室の扉を耐火ガラスにしておけば、パンを焼きながら炎を眺めることもできる。

連続燃焼方式になると、鉄枠と鋼板を基本にしたタイプもある。要するに、業務用オーブンの電気やガスによる熱源を薪に変えたということだ。壁は薄くていい。蓄熱させるより、壁の外からつねに供給される熱を遠赤外線に転換してパン生地を焼くのが壁の役目であり、その点では薪ストーブにも近い。

一定の量産をめざす石窯

製作する場合、溶接も必要になるので簡単ではない。しかし、パンを続けてたくさん焼きたい、という事情であればこのタイプがよいだろう。均一のものが大量に生産できる既成の業務用オーブンと、これまで書いてきた石窯の中間に位置づけられる。

かつて著者が石窯について教えていただいた先生も、これに近いタイプの石窯をつくっておられた。熱源にはコークスを用いることもあり、定期的にコークスに水蒸気が数秒間吹きつけられて、熱い蒸気が燃焼室に吹き込まれる設計になっていた。

壁や焼き床の厚み、天井の高さ、煙の流れるスペースなど、設計は慎重にする必要がある。煙の流れ方をよく計算することと、ススの掃除がしやすい設計にすることもポイントだ。ススのかき出し口を別につくったり、煙突の空気の流量調節のダンパーなど、鉄鋼によるパーツの製作が大きな割合を占めてくる。当然、そのぶん手間や費用がかかるが、家族経営くらいを想定した量産をめざす石窯として、もっと広まってよいと思う。

連続燃焼方式の石窯。つねに一定の温度を保つので扱いやすい

ガーデニングオーブン

小庭や菜園に設置

新春の挨拶《あいさつ》も過ぎて一陽来復、樹々のつぼみが目立つ頃になると、「わが家の庭先に石窯をつくりたい」というリクエストがぽつぽつと寄せられてくる。これこそが著者にとっての早春譜だ。今年はどこでどんな石窯をつくるのか、と心中が温かくなる。

設置場所が庭でなく畑のこともある。野菜や果物を、採れたその場で皆で囲んで、楽しくおいしく石窯で料理したい、というのが最近の新しい流れだ。

庭であれ畑であれ、たいていスペースは限られる。周囲にどんな植物があるのか、景観とのバランスも考える必要がある。生産性うんぬんの企業的な要素でなく、いかに楽しい空間になるかを軸に場所をデザインする。陽だまりの庭を眺めて、想いをめぐらすのは、既製品の石窯キットでは味わえない至福のひとときだ。

設計にあたっては、限定された面積で石窯の機能を十分に発揮できる力量が要求される。そうでないと、つくったものの性能はいまひとつ、ということで飽きてしまい、いつかガーデンの置物で終わってしまうのだ。

納得のデザインで

次頁のイラストは、あくまでも連続燃焼型の石窯の概念図である。ガーデンによって、設計も外見もすべて違ってくる。

これまでの経験から、ガーデニングや畑のお好きな方は、なかなか多趣味で忙しいので、一度つくった石窯をつくり直すほどの余裕はお持ちでない。つくる前には、じっくりデザインされることをお勧めする。本格的に導入を検討される場合には、著者の石窯製作室までご相談いただきたい。

ガーデニングオーブンの醍醐味

営業用につくる石窯

石窯で何をアピールするのか

営業用の石窯といっても、基本構造はいままで書いた自家用と変わりはない。蓄熱体の放射熱（遠赤外線）でおいしく料理してくれる。それが不動の基本だ。

そこにダンパーがついたり、レンガの壁や装飾がついたり、スチームの噴射機能がついたり、扉の仕掛けが凝っていたり、という程度の違いである。その費用として、自作の場合よりも1ケタないし2ケタ大きい金額を払うかどうかは、開業される方々のご判断だ。

それはそれとして、石窯で営業する場合には、なにより大事なことがある。

それは、石窯で何を売りたいのかを考えてほしいということだ。一生懸命に朝から晩まで石窯を動かして、たくさん物をつくって、たくさん売って……ということなら電気やガスのオーブンを使ったほうがよい。石窯で普通のパン屋をやるのは、人力車でタクシーをやるようなものだ。人力車が悪いと言うのではない。いま各地で人力車が復活しつつあるのは、自動車にはない良さがあるからだ。車夫として働く人にも、人力車を愛する気持ちがあり、その気持ちが伝わればこそ客も乗りたいと思う。そういう空気が、たとえば石窯のお店で出せるかどうか。たんに石窯でパン屋を開業すれば差別化できて売れるだろうと考えるのは甘い。石窯が楽しいと思える空気をどうやって出すか、それにかかっているのだ。

どこにどのような石窯をつくって、どのようなものをつくるか、それは経営者のビジョン、イメージによってすべて違う。時にビジョンがあやふやな方もおられる。

ポイントとなる石窯の位置

著者の石窯製作室では、それゆえ必ず現場に赴い

営業用の石窯の設置例

注)具体化するときは室内に設置し、ダクトが必要

て石窯のビジョンを煮詰めるところから始めるし、一つとして同じ形状の石窯をつくったことがない。

しかしながら、残念なことに、新規の開業の場合、ピッツェリア（ピザを売る店、食べさせる店）でもパン屋でも、著者に相談を持ち込まれた段階で、すでに建築の大枠が決まっていることが多い。非常に重要な石窯の位置も「ここしかない」というところまで落とし込まれているのだ。それも石窯の何たるかをご存じない建築家の設計ゆえ、とんでもないレイアウトであったりする。自給用なら多少のやり直しは効くが、開業の場合には、まず、そうはいかない。

本書は、あくまで自給レベルの方々を対象として書いたものなので、これ以上詳しくは開業の石窯について踏み込む余裕はないし、あくまで個別に考えるべきものなので、一般論として述べることもできない。

石窯が好きで、かつ石窯での営業を検討される方であれば、ぜひ、わが石窯製作室までご相談されることをお勧めする。

屋根、壁、煙突などの設置上の留意点

屋根

野外の石窯には屋根が欠かせない。ガーデニングの一部として屋根のない石窯を置いてある写真も見かけるが、小屋のない犬のようでかわいそうだ。せっかく断熱をしても、屋根がなければ濡れた上着と同じで逆効果だし、さらに断熱壁もなければ、いまどきの酸性雨は確実に石窯の本体を腐蝕させる。外見も汚くなる。耐火レンガであれ、耐火セメントであれ、大谷石であれ、雨に弱い点では同様だ。

屋根の素材は燃えないものが理想。質実剛健であれば足場パイプに波板でいい。欧米の古民家の石窯ではスレート系の屋根が目立つが、重くなるので丈夫な柱を建てる。あるいは石窯本体の外壁に、そのまま屋根をのせる構造でもいい。ただその場合には、レンガを巡らせた外壁では地震で崩れる。レンガの壁の内側に、鉄のアングルなどで補強する必要がある。このへんは素人では難しいので、場合によってはご相談いただきたい。

屋根の素材には、木を短冊状に割ったウッドシェイクもある。自分で安い野地板《のじいた》を切ってもいいだろう。断熱を施して火の気に注意。

外壁

外壁というと、まずレンガの壁を発想するだろうが、いま書いたように地震には弱い。しかし壁の上に何ものせないのなら、まず心配はいらない。赤レンガの場合には水平が乱れてはさまにならないので、水糸を張ってひたすら愚直に積む。目地の厚みが難しいし、レンガ積み用のガイドバーは値段が高いから、著者は1㎝角のバルサ材を切ってレンガの上下にはさみ、それですきまを確保している。

煙突とダクト、ダンパー、風よけ

屋外の石窯では保健所の営業許可が取れない。室

丈夫な柱を組んで、風雪に耐えうる屋根を設置する（石窯の側面）

外壁はつくるのに手間はかかるが、断熱効果を考えて必要性を判断したい

自然石をおしゃれに配した石壁の母屋に屋根を取りつけている（石窯の背後）

普通レンガ（赤レンガ）は水平になりにくいので、水糸を張って丹念に築く

窯口の左上に煙突を組み込む。右下は燃焼室の焚き口

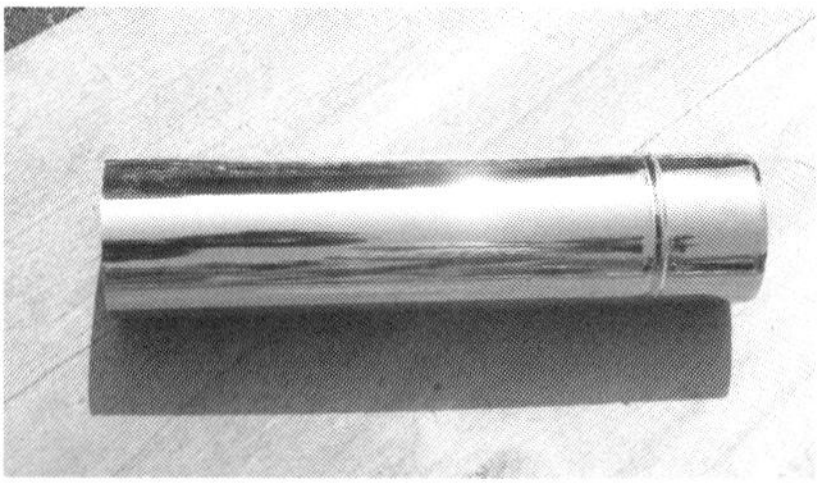

煙突(20cm径)を用意。ステンレス製シングル。寒冷地では二重煙突がのぞましい

煙突周辺に耐火レンガを配し、丹念にセメントを流し込んで固定させる

内の石窯には煙突とダクトが必要だ。石窯から出る煙は、とくに燃やし始めのうちは、煙の温度が低いせいもあって手前に低く流れがちだ。ダクトは大きめのものを余裕もって設置したい。煙突は最低15cm径の煙突が真上に引いてあるのが理想だ。窯の一部にダンパーをつけて煙の出し入れをコントロールする場合もある。

屋外の石窯であれば、煙突はなくともよいが、屋根に煙を当てたくないなどの理由で煙突をつけることもある。風で倒れないようにしっかり設置する。可燃素材のものは、低温でも熱気が当たり続けると炭化して発火する可能性があるので、煙突との接触や近すぎる位置関係に注意。

石窯の正面から風が吹き込むと炎が非常に燃えにくい。可動式の壁でもいいから、風をよけるものが欲しい。

煙突はできるだけ垂直に長く。真横方向は流れが悪くなるので、45°~60°の斜めにする。煙突頂部は、H型より全方位の風に対応する円型がよりよい。

第４章

石窯という装置の豊かさを生かす

金属板のピールを自在に操り、本格派気分

燃料と火起こし

薪を供える

人間の原点の火起こしから石窯も始まる。人類の揺籃期《ようらんき》に想いを馳せながら薪を準備しよう。

本書で紹介する石窯の基本型は、調理の場所と薪を燃やす場所が同じところである。だから、廃材を燃やしてはいけない。石窯の火は清浄かつ神聖だ。無垢《むく》な木を供えよう。

薪は十分に乾かして使う。必ず！　このことは石窯をつくるたびに念を押すのだけれど、それでも生乾きの薪を使うのはどういうわけか？「うまく燃えない」「ものすごい煙が出る」とパニックになって電話をかけてくる。

生乾きの薪と乾いた薪の区別は、はじめは難しいかもしれないが、いずれ薪を持っただけでわかるようになる。他人が枝を折る音でも乾き具合がわかるようになれば、感覚が研ぎ澄まされた気がして、ちょっと楽しい。

薪が十分に乾いていないときは、水はけがよく平らな場所に敷き木（細い丸太など）を3～4本敷き、井桁《いげた》に組んだり端を杭で支えて積んだりして乾燥させる。りっぱな薪でなくても立木伐採、流木、製作所の端材などを乾燥させて使ってもよい。

杉・檜《ひのき》の薪は火力が弱いので好ましくはないのだが、いまや全国各地で針葉樹の森林が荒廃している状況を鑑《かんが》みると、せめて森に石窯をつくって、材にならない木を有効に使ってあげたい。森林整備をした後で、腹をいっぱいにしてくれる石窯は都会から来たボランティアにはたまらない。しかも切ったその場で燃やすのだから、遠くへ運ぶ手間もなく、チップ（小片にした木材）やペレット（木粉の成形木材）に加工する施設も無用だ。石窯は、森林を有効に利用する、安価でシンプルな解決方法である。

落葉樹・常緑樹を問わず広葉樹の薪は、火力も強くて揺らめく炎も美しい。燃やすと火の粉がはぜる

世に薪割り愛好家は多い。ひと汗流す快汗、みごとに割ったときの快感が醍醐味

自家用の薪。十分に乾燥させたものを積んで確保しておく

樹もあるので、ピザの専門店では樹種を選ぶけれど、自給用なら問題ない。薪の長さは、30～40㎝ほどが使いやすい。割った薪でなく、細めの枝を丸ごと使うのも結構だが、割った薪よりも乾きにくいことを念頭におく。

竹も火力が強いが、すぐ燃えてしまうのでこまめに足さなければならない。裏返せば、火遊びにはまると竹の激しい炎は楽しい。ただし、燃やすとススがすごい。室内の石窯で竹を燃やしたら、かなり壁が汚れる。荒れた竹藪《たけやぶ》は全国で猛威を振るっているから、竹藪を整備した後の竹を燃やす石窯も、大事な意味がある。

火起こしのスターターとして、小枝を束ねた柴や枯れた杉の葉、松ぼっくり、樹皮などそろえておこう。燃えやすいものだけに、石窯本体とは離しておく。

火を起こす

最下段に火つけの紙など、次に細い薪を軽く積んで火をつける。太い薪はまだ置かない。細い枝に火力をつけるのが肝心。はじめに新聞をねじって火を

新聞紙をねじって入れ、その上に乾いた小枝や細い薪を積む

新聞紙に着火する。新聞紙を使わずに草焼き機などを使ってもよい

細い薪が燃えはじめたら徐々に太い薪を足し、火力をアップさせる

やがて燃材はおき火になる。焼き床の温度が上がったら窯の隅へ寄せる

つけるのはキャンプファイヤーと同じ流儀だが、ゴミを燃やすようでイヤなら、紙を使わずに草焼き機で着火する。杉の枯れ葉や柴でもすぐ燃えだす。

薪を置く位置は、いちばん奥からでも手前からでも、やりやすい位置で始めればいい。細い薪がしっかり燃えはじめてから、だんだん太い薪を足して炎を強くする。このスタートが肝心だ。ここでつまずくと、後で焦る。

薪がよく燃えるかどうかは、繰り返すが乾燥が第一。乾いていない薪は、不完全燃焼のガスが窯の中にたまって、鬼火のような不気味な炎がただよいだして最悪の状態になる。

次に大事なのは、窯の中で空気がよく巡っていること。薪ストーブでも暖炉でも、あるいは人間の呼吸でも、古い空気を外に出してから新しい空気が入ってくるのが順序だ。前の空気が滞ったら新しい空気は入れない。野外の石窯なら煙突は不要だが、室内では煙突やダクトがしっかり空気を引き出す力がポイントになる。窯の形状が大事なことはいうまでもない。

石窯クッキングの主な道具・容器

火かき棒

火かき棒は、電気のオーブンでは決して使うことのない、石窯ならではの道具で、燃えている薪やおき火、灰をかき出す。焼却炉の灰かき棒は、用途は似ているけれどまったく使えない。短かすぎて重すぎる。しかも全部金属だからすぐに手許まで熱くなる。石窯の火かき棒は、その逆の性格を備えていなければいけない。本体の奥まで届く長さがあって、それほど重くなく、前後のバランスがよく、持っていても熱くならないこと。もちろん、目的とするものをちゃんと引っ掛ける強度が必要で、それでいて焼き床を傷つけたりしないデリケートさも欲しい。結果として、先端部分は金属で、途中から手許にかけて木質の軽い素材の仕様となる。

石窯製作室では、写真のような火かき棒を製造委託している。一見どこにでもありそうな形だが、随所に工夫が凝らされている。先端部は軽くて丈夫なチタン、焼き床を傷つけないなめらかな仕上げのうえ、形状はテストを繰り返して非常に使いやすい形をつくった。木質部は、万が一燃えてきても市販の木の棒と取り替えることができる。

これと同じものをつくるのはまず難しいので、ご希望の方には石窯製作室を通じて、石窯に合ったものをオーダーメイドで製作している。

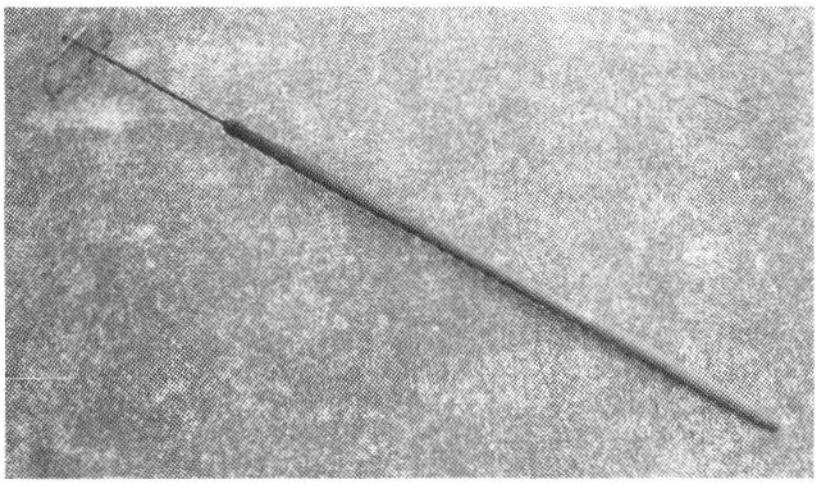
火かき棒

火ばさみ

木質でつくる場合には、消耗品になるが、これに似た形のものを、あれこれ試行錯誤しながらつくるのがいいだろう。

薪くべ棒

石窯で燃やす薪は、いきなり全部燃やすわけではない。薪ストーブと同じで、薪が燃えるにしたがって1本ずつくべていく。しかし、薪ストーブと違って奥が深いから手は届かない。手際よく薪を手で投げる人もいるが、下手にやると燃えている火をくすぶらせてしまう。そこで、薪を奥までくべる道具が必要になる。しかも井桁に薪を組むときには、横向きや縦向きにする必要がある。そのための道具を「薪くべ棒」と命名した。これは著者が扉づくりに協力していただいている造形作家の高橋政行氏の開発した作品。

モップとバケツ

パンを焼くなら、火かき棒で灰をかき出した後、濡らしたモップで焼き床をきれいに拭き取る。これをしないと消し炭と灰だらけのパンになってしまう。モップの柄は木製のほうがよいのだが最近は少なくなった。プラスチックの柄では、窯の中で溶けてしまいそうで落ち着かない。木製のモップをできれば2本用意して、1本は空拭きに使う。

霧吹き

霧吹きは市販の安いもので結構。フランスパンのように生地がプレーンなものは、水蒸気がないと皮が白っぽくなる。業務用のオーブンでは熱い蒸気を出す装置がついているが、前述のモップがけでも十分な水蒸気がこもる。

薪を燃やすかたわらに、砂利を敷いた天パンを置いておき、パンを焼く直前にお湯をかけて水蒸気を出す、ということも著者はかつて試みたが、そこまでする必要はなかった。むしろ、扉やダンパーを水蒸気の漏れない構造にすることが大事だ。

天パン

パンでもピザでも、できるだけ焼き床でじかに焼

天パンの出し入れは、やはりピールがあると便利

きたい。家庭用のオーブンでは焼けない1kg以上の生地をじっくり焼き込む。天然酵母のパンなら、焼きたてよりむしろ日数をかけて味の変化を楽しむものだ。石窯ならではの醍醐味といえる。食パンを焼くなら缶のまま入れてよい。

しかしクロワッサンやケーキやクッキーなどは、どうしても天パンが必要だ。小物のロールパンなども、天パンでまとめて出し入れする。

ピザを焼くなら、慣れれば直焼きのほうがおいしいけれど、初心者が楽しむには天パンがあったほうがよいだろう。

あるいは肉や魚、それ以外の焼き物料理にも天パンは欠かせない。オーブンシートを敷けば、汚れてもシートを洗うだけでよい。

天パンがあると、下火の効きがいまひとつになるので、ピザを焼いてもサクサクした焼け具合にはならない。どちらかというと、お好み焼き的な食感になってしまう。それでも天パンがあるメリットは、第一に、トッピングが焼き床にこぼれてこげてしまうリスクがないことだ。大勢で順番にピザ焼き体験

ピールはピザの出し入れに不可欠

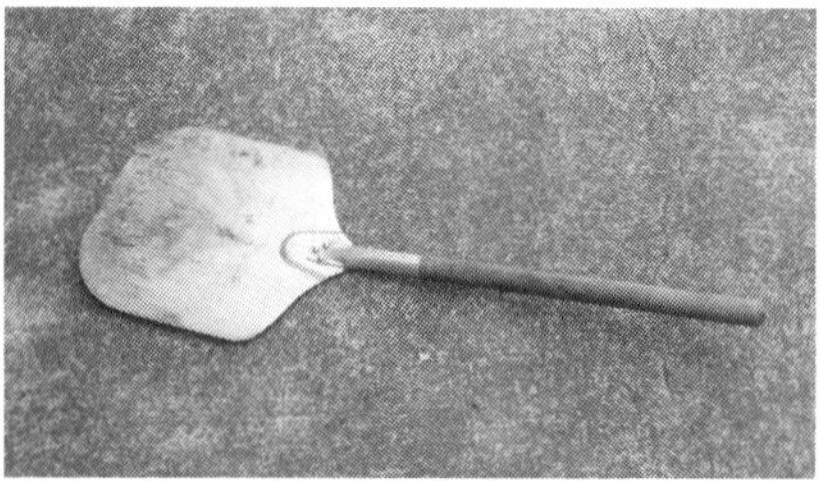
ピール(木製もある)

ピザ台いろいろ

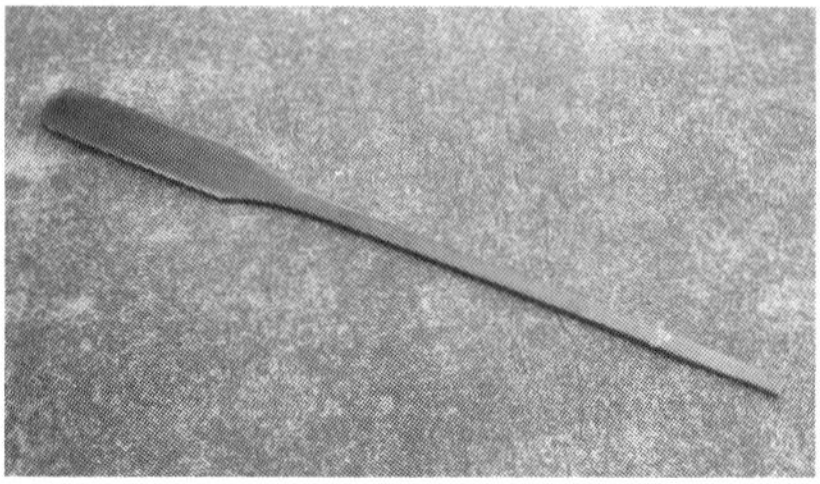
木製ピール。これはパン用

をすると、前の人が焼き床にこぼしたチーズやトマトがこげて、次の人の生地をおこげで汚してしまうことがある。天パンなら、そのつど差し替えればいい。

できれば天パンだけを先に石窯に入れて熱くしておき、そこに生地をのせる段取りにすること。ただし、天パンも直火で熱くなると膨張してねじれることがある。水平にならないのだ。

それでも、せっかくの石窯だから、いつかは天パンなしで生地1枚を70秒そこそこで焼き上げるクリスピー（食物がカリカリしている）な味わいを経験してほしい。

ピール(パーレ)

ピールは市販のもので結構。金属製のものもあるが、木製のものが使いやすいし、雰囲気もよい。形はいろいろあるので、何を焼くかによって決める。

作業台

料理したい素材を石窯の手前に置く場所が必要。軽くて移動できる作業台が便利。

変幻自在のこだわりパンづくり

石窯でパンを焼く

もうそろそろ、石窯でパンを焼こう。

生地の仕込みに関しては、石窯だからといって特別なことはない。

石窯でパンを焼く特徴は、生地を仕込みながら、一方で石窯の燃え具合、温まり具合をつねに気遣うことにある。作業台から石窯が見えるのが理想の作業環境だが、そうでない場所では、火かげんのケアを怠らないこと。

すでに読者はこの段階までに、パンを焼く適温の測り方を極めていなければいけない。方法はいろいろある。薪を燃やしてしばらくは、煙とともに出るススで石窯の天井が真っ黒になる。石窯の温度が高くなるにつれて天井のススが燃えて、もとの天井の色になる。この段階が「スス切れ」といって、ひとつの目安だ。だいたい表面温度で600℃などといわれるが、そんな薀蓄《うんちく》は重要でない。あくまで目安にすぎないのだから、この状態でOKかどうかは皆さんご自身が判断する。

どの程度の量の薪を何時間燃やせばよいか、という定量的な手法も有効だ。とくに、複数の人間で石窯を共有する場合には、こうしてマニュアルを共有するとよい。その場合、薪の種類や形状、太さ、長さもできるだけそろえて数量化できるようにする。業者から買い付ける薪ならその点は簡単だが、自分たちで集めてきた薪だと、種類も形も乾き具合もまちまちなので、ちょっとした作業になる。

まんべんなく石窯を熱くする。奥に薪を置けば、炎が伸びてきて天井は手前まで熱くなるが、それでも手前の温度が低くなりがちだ。

薪が燃え崩れてきたら、おき火を散らして焼き床をムラなく熱くする。天井からの上火と、床の下火の両方をバランスよく強めていくのが大事だ。

石窯の両側面も、バランスはどうか。側面の壁にススが残っているようなら、側面にも薪を置く。頃合を見ておき火をかき出す。頃合の見極め方は、一口で伝えるのは難しい。石窯とつきあいながら自分なりの頃合をつかんでほしい。

陶芸に使う高温対応のデジタル温度計を付設する場合もあるが、著者は勧めない。そんな野暮をするくらいなら電気のオーブンを買えばよろしい。じつは著者も、いちばん最初は使ってみた。しかし、すぐやめた。お客様においしいお茶を入れるのに、湯かげんを温度計で測るようなものだ。石窯は、五感を使って自身を研ぎ澄ましていくところに妙味があるのだ。

石窯の温め方

薪を燃やした熱は、すべて壁に吸い込まれるわけではない。むしろ炎のまま外に流れていく熱のほうが多い。たたきつけるような土砂降り雨が、地面に浸透せずに地表を流れていくのと同じだ。とくに降り始めの状態をイメージしてほしい。地面にたちまち水たまりができたとしても、ちょっと深めの穴を掘ってみれば、まだ水が浸みていないだろう。石窯も同じなのだ。天井の表面がスス切れしたとしても、じつは窯全体に十分な熱が蓄えられたとは限らない。とりわけ壁が厚い場合には、表面の熱が時間をかけて徐々に奥まで伝わっていく。スス切れしたのを見てすぐに火を消すと、壁が厚い場合には奥まで熱が伝わっていないこともある。その場合には、天井の表面の熱がだんだん奥に吸われていく。つまり温度が早めに下がってしまうのだ。

だから、薪をどの程度、何時間燃やせばよいか、というツボは、石窯の壁の厚さや断熱の具合によってみごとに違ってくる。皆さんが各自、試行錯誤して石窯と対話してほしい。たとえば、石窯の本体をまだ断熱材で覆っていないときに、薪を燃やすかたわらで窯の外側に手を当てて温度を確認してみよう。はじめは冷たい窯がだんだんと熱くなる過程を手で確かめてみるのだ。

石窯の力の根源は、本体に蓄えられた熱の総量にある。だから窯の表面の温度ばかり気にしていてもいけない。窯の厚みがあるほど、熱を蓄えるのに時間がかかるのだから、表面ばかり熱くなっても、それだけではポテンシャル（潜在能力）がわからないのだ。

前の日に石窯に火が入っていたかどうかでも、その日の熱の具合は違ってくる。前日に火が入っていたほうが良い。その段で行くと、追い焚きの後の石窯は、非常に温度の持続がよく、まったりとした効き方をする。たとえば2時間石窯でパンを焼いた後で、1時間また追い焚きをする。最初に焚いた熱は、おおむね均一に石窯に行き渡っているから、さらに追い焚きすると、その後の石窯がムラのない、持続力のある窯になる。

以上は、初めて石窯を使う人にはわかりにくいかもしれないが、大事な項目なので、使いはじめたら再読してほしい。

焼き床の温度

おき火をきれいにかき出し、それでも残っているものは濡れたモップで一掃する。熱い焼き床に濡れたモップをかけると、たちまち水が蒸発していくだろう。じゅっ、と音を立てて蒸発していくようすを、しっかり見届ける。床が熱ければ瞬間的に蒸発する。もう一度モップをかけると、やや時間がかかって蒸発する。といっても、コンマ数秒ほどの微妙な時間の差だが、これが焼き床の温度を見分けるポイントだ。どのくらいの勢いで蒸発するときが下火としてちょうどよいか、試行錯誤しながら把握する。1回や2回では無理だから失敗しても当然だ。頼りになるのは自分の感覚だけ。未知の世界の、手探りのプロセスを楽しもう。

できれば乾いたモップを別に用意して、空拭きしながら残ったおき火を掃き出す。すっかりきれいになったら石窯の扉を閉める。

窯入れを急いではいけない。いま石窯は、熱くなったところにモップをかけられて動転している最中だ。石窯を落ち着かせよう。あなたも落ち着きなさい。汚れたモップでも洗ってくるといい。

石窯も人間もお互い落ち着いた頃に、さて、パンの生地もほどよく醗酵している。むっちりふくらんだ生地をそっと触ると、ふっと応えてくる……はずだ。そうでなければいけない。そうなるように、石窯とパンの醗酵のタイミングを合わせるのだ。なにしろここが石窯パンの大事なところなのだから。

電気やガスのオーブンは、スイッチひとつで温度を調節できるが、石窯には、それはない。だが、不便ではない。なぜなら、自分の感覚があるから。石窯と出合ったことで、いままで使っていなかったさまざまな感覚が明晰《めいせき》になっているはずだから。

窯入れ

では、窯入れをしよう。

扉を開けると、湧き出るような水蒸気が迎えてくれる。ピールに生地をのせて窯に入れるなり、天パンにのせて入れるなり、お好きな方法で。著者は、できるだけ大きな生地をじかに焼き床（ハース）の上で焼くハースブレッド（Hearth bread）が好きだ。

扉を閉める直前に霧吹きで霧を吹いてもよい。パン生地に直接霧を吹くのでなく、天井や床に霧を吹き、扉を閉めたら腹をくくって待つ。心配だろうが、ちょこちょこ開けると温度が下がる。ここは石窯を信じて任せる。

ただし、扉を閉じた直後にずいぶん香ばしい香りがしてくることがある。香ばしいというより……こげたにおいだ。そのときは、すぐに扉を開けてパンを救出しよう。

その逆もある。いつまでも焼けない、つまり温度が低すぎたとき。これは悲惨だ。とても悲しくなる。連続燃焼方式でもないかぎり、この期はあきらめよう。フライパンで焼き直すとか、パン粉にするとか、なにがしかの有効利用をするしかない。

その中間は、非常に晴れ晴れとうれしい気分になるパンの焼き上がりだ。著者自身も、石窯でパンが焼けたときの感激は10年以上たっても変わることはない。この気持ちを、一人でも多くの人に味わっていただきたいがゆえに、各地で石窯づくりのお手伝いをしている。

①静かにふくらんでいくパン生地は、まさに生命のかたまり

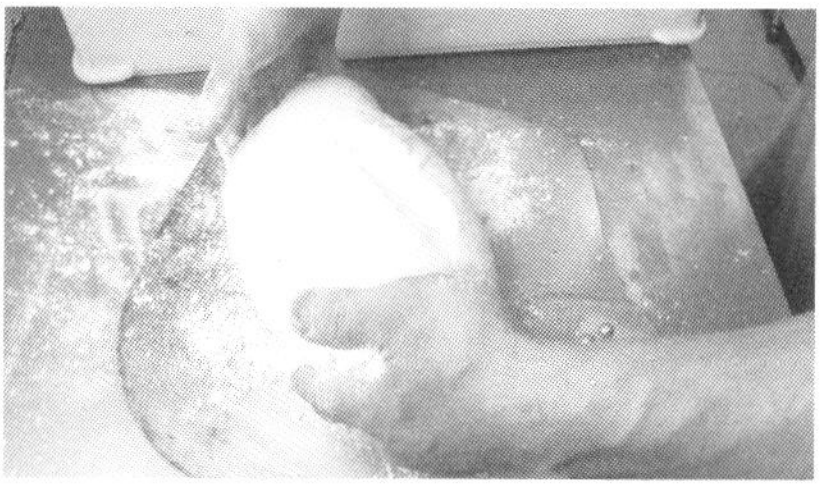

②木製ピールに手粉をかけて、生地がくっつかないようにする

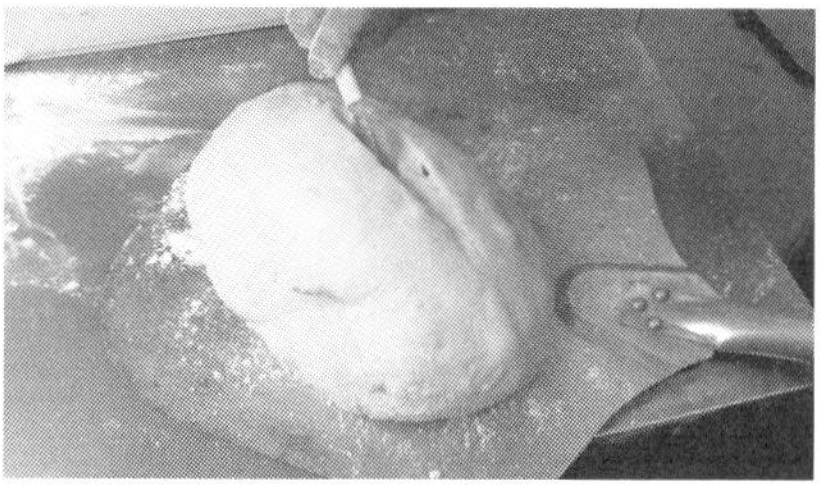

③生地にクープで切り込みを入れる。軽く霧を吹きかけると焼き色がつく

④焼き床は濡れた布や専用モップでひと拭きしておく(焼き床の掃除と水蒸気の補給になる)

⑤ピール(もしくは天パン)に生地をのせ、すばやく窯に押し込む

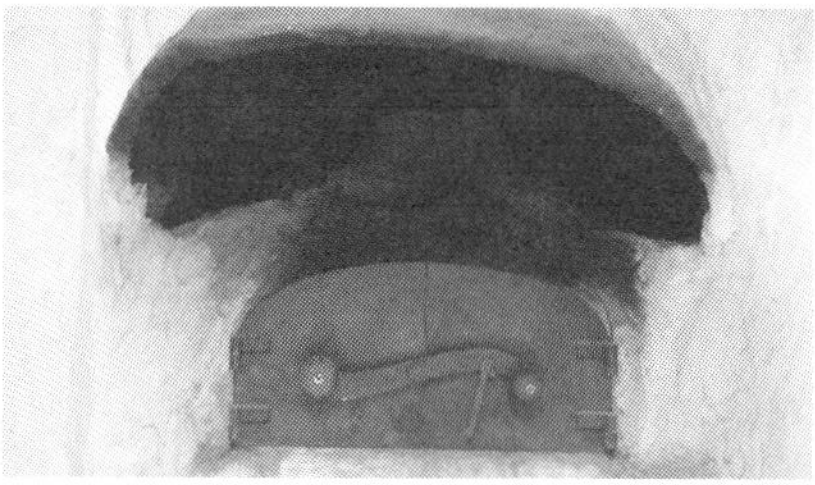

⑥扉を閉めたら、不安と期待の時間。だんだん良い香りがしてくる

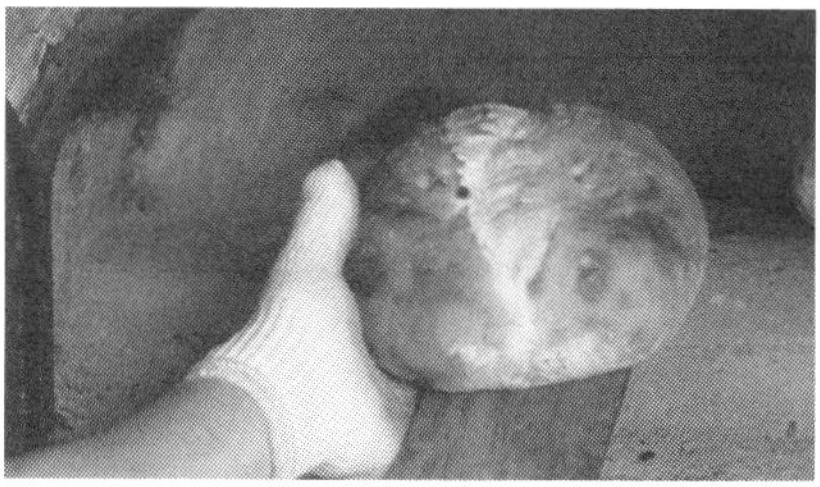

⑦みごとに焼き上がったパン。晴れ晴れとした気分になること請け合い

⑧焼きたてより荒熱がとれてからのほうが、味がよくわかる

お好みのトッピングで ピザづくり

自家製石窯ピザはリーズナブル

パンに比べればピザはずいぶん気楽だ。のびのびと、にぎやかに楽しめる。いまどき石窯ピザなどは一家そろって外食するとずいぶんな額になるが、自宅でやればいくらでもない。ピザ屋さんに家族で数回行くことを思えば、石窯をつくる費用など元が取れるはず。気取らずに皆で窯を囲んで、爛漫《らんまん》の心もちで腹いっぱいになろう。

生地のつくり方は、パン同様に省略。著者は、パンを焼く日の昼食はピザだ。パンをこねた生地の残りをいただき、適当にのばして焼いて食べる。なんとも簡単、ラーメンより手軽でうまいランチだ。生地によって風味が違った亜流、傍流の味わいが楽しい。

石窯に燃材を入れ、1～2時間以上は燃やし続けるようにする

頃合をみて、薪やおきを窯の隅に寄せる

①自家製ピザは適当につくって食べるのがうまい。まず、生地をこねてみよう

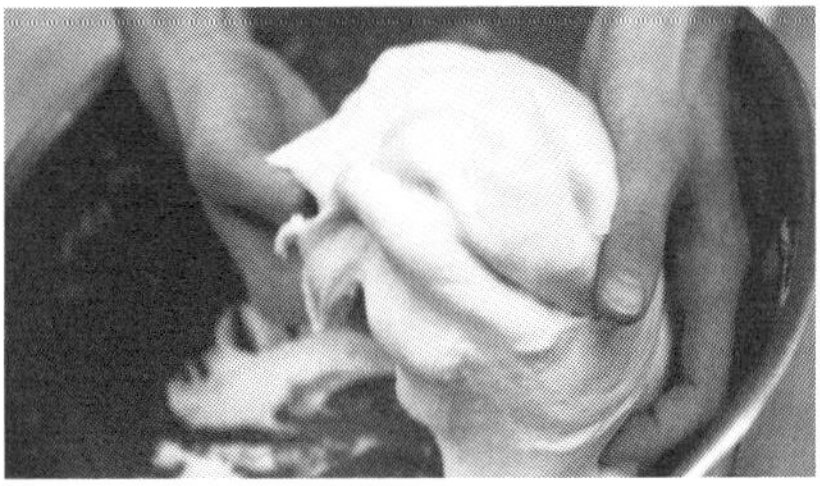

②生地を手ごろの大きさに丸める（子どもに託すと喜ぶ作業である）

③さらにピザ1個分の大きさにしてトレイにのせて2次発酵させる

④窯入れの前に生地を薄く平らに均一にのばす（できれば手でのばそう）

パンの場合と同じく、はじめはまんべんなく燃やして窯を熱くする。パンを焼くときより熱めにしたほうがよい。火かげんはパン同様、ご自分で頃合をつかんでいただきたいが、目安として最低1時間以上は薪を焚こう。

もういいかな、と思ったら、薪を窯の隅の1か所に寄せて、そこで燃やし続ける。薪の炎をゆらめかせて生地を焼くのが石窯ピザの流儀だ。急がず、一度に1枚ずつ焼いてみよう。

薪が燃え尽きそうになったら、その上に新しい薪を1本足す。石窯でピザを焼く場合には、熱くなった窯の壁面から出る遠赤外線と、炎による熱い空気の対流熱の両方によって生地が焼ける仕組みだ。

パンを焼く場合には遠赤外線だけで焼くのだから、大きく違う。かりにフランスパンや食パンをピザと同じ方法で焼いたら煙くさいパンになってしまう。ただし、ピタパンやナン、フォカチャみたいな平べったいパンはピザと同じ焼き方をする。

ピザの生地をのばして、トッピングをのせながらピールを用意する。金属製のピールは生地がくっつ

①ピーマン、ナス、トマト、ベーコン、チーズなど好みのトッピングを用意

②薄くのばした生地に、ピザソース(市販のものでもOK)をまんべんなくかける

③グリーンアスパラガス、ナス、チーズなどのトッピングをのせる。具はほどほどに

④生地をピールにのせ、すばやく焼き床へ送り込む

きやすいので、できれば木製のピールがいい。念のため、ピールの表面に軽く粉をふって生地のすべりをよくする。

トッピングに失敗しないために

トッピングにはコツがある。欲張ってのせすぎないこと。たくさんのせたい気持ちはよくわかる。けれど、ダメなものはダメだ。トッピングをのせすぎて、いざピールにのせようとしたら持ち上がらない、持ち上げた生地が破けた、ということがよくある。

その難関をうまくクリアしても、ピールから焼き床にすべり出す最後の瞬間に失敗する。トッピングばかりが前方に「つんのめって」焼き床の上にこぼれてしまうのだ。こぼれたトッピングが焼き床の上でこげだすと、いったんピザ焼きを中断して、そのおこげをモップかなにかで取り除く作業になる。ピザ生地が十分にあれば、少しぐらい失敗してもいいだろうが、そうでないときには失敗した人がかわいそうだ。

そういう悲劇を避けるために無難なのが、あらか

焼き上がりの目安は、生地に香ばしい焼き色がつくこと。窯焼きピザは至福の一品

500〜600℃の温度だと直焼きなら60〜70秒、天パンなら数分で焼き上がる

じめ天パンの上で生地をのばしてトッピングを散らし、そのまま窯に入れる方法だ。著者に寄せられるお便り写真も、おおむねこのパターンでピザを焼いていらっしゃるごようすだ。本当は、じかに焼き床の上で焼いたほうがずっとおいしいのだけれど、リスクを避けるにはやむをえない。中間の選択として、鉄板をあらかじめ中に入れて熱くしておき、そこにピザ生地をピールからすべり込ませる方法もある。いろいろ試してみてほしい。

燃える炎と、ピザ生地の関係はどうだろうか？

あまり炎に近すぎると、たちまち縁からこげていく。だからピザの場合は、生地から目を離してはいけない。生地が熱でふわっと浮いたように見えた刹《せつ》那《な》、ピールを生地の下に差し入れて少しずつ回転させながら、炎に向く面をずらしていく。チーズがぶくぶく泡だってきて、うまそうな香りがただよってくれば大丈夫。窯から出して熱いところを頬ばろう。皆で焼くなら、１枚ずつ焼けたそばから切り分けて食べ比べてみよう。人によってトッピングや生地の厚さ、焼け具合が違っておもしろい。

炎餐会にようこそ 石窯の宴あれこれ

石窯料理はパンやピザだけではない。なにしろ生活をおいしくしてくれるパートナーだから、何でもありだ。石窯の料理は、ことさら手間をかけず、シンプルに素材の生命を引き出すのが一番だろう。炎こそが調味料だ。

海も野山も姿焼き

ひととおりピザが焼けたら、そのまま終わらせては、せっかく熱くなった石窯がもったいない。畑や野山の恵みをダイナミックに丸焼きしよう。薪をおき火状態にして、芋《いも》でもカボチャでも丸焼きにしてみればいい。アルミホイルでくるむ必要はない。丸ごと、ごろり。パンを焼いた後でおき火がない状態でも同じように丸ごと焼く。焼き上がったカボチャはまるでようすが変わり、ふんわりとなって出てくる。切ってみれば中はクリームのような舌ざわりに菓子かと思う。ジャガイモ、サツマイモ、キャベツ、人参《にんじん》、トウモロコシ、玉葱《たまねぎ》など、台所のレギュラーを端から石窯で試してみよう。

海の幸、川の幸もいい。

鮭でもタコでも、これまた丸ごとだ。天パンにのせて塩をまぶす。それだけでいい。大きな鮭一匹でも、1時間足らずで塩がまったり沁み込んで絶妙になる。

マグロの頭を天パンに並べたてて焼いてみる。香ばしい香りが頃合を告げてくれるので、よろしく扉を開ければ、立ち込める煙の中で「上へならえ」したマグロたちが屹立《きつりつ》して、天パンには脂が黄金色に泡立っているだろう。

もちろん肉もよろしい。ご自慢の下ごしらえが済んだら石窯に入れるだけ。著者は猪や鹿の塊を塩だけで焼く。ブロック肉なら1kgでも2kgでも塊のまま放り込める。チキンや七面鳥なら石窯の大きさに応じて2羽でも3羽でも放り込める。おおらかに、ダイナミックにいこう。

燻製

片隅に寄せたおき火にチップをまぶし、近くに素材を置くだけ。気密性の良い扉なら、そのまま燻製ができる。素材によって「冷燻」「温燻」など、燻製に適した温度が違うから、その点は考慮する。ただ煙を当てるだけでなく、遠赤外線によって素材そのものもうまみが出るので、一段レベルの高いものになる。

捨て窯

おき火も消えて、もう最後の最後になって、明日食べるものを窯に入れて消灯する。「捨て窯」と俗に呼ぶ。ライ麦を使ってシッカリ焼き込んだ黒パンなどは捨て窯で焼き込むこともある。日本は鍋料理の国なので、出し汁を張った土鍋に素材を沈めて一晩置いてみよう。あの安い豆腐がこれほどに、と驚く。あるいはシチューでもポトフでもよい。大豆を一晩仕込むと釜炊《かまだ》きにはないまろやかな舌ざわりになる。

焙煎

遠赤外線の力で焙煎《ばいせん》もできる。ただし、強すぎるとこげるので、低めの温度で試してみよう。玄米を天パンに広げて焙煎する。それをお湯で煎《せん》じて飲むと、身体が温まる。同じように薬草の根っこなど焙煎してみよう。木枯らしの頃のお茶を茎から切って、陽に当ててから焙煎すれば手づくり焙《ほう》じ茶になる。椎茸《しいたけ》のように、太陽に当てることで栄養が増すものもあるから、両者を使い分けたり組み合わせたりするのがよいだろう。

・M　E　M　O・

石窯製作室

石窯はできあがるまでのプロセスが楽しいのだが、設置場所や目的・用途、予算、時間、規模、使う人の事情などで自作できないことも多い。そこで、これまでの石窯づくりの蓄積をもとに下記のようなサポートを展開している。

①オリジナル石窯、および工房のデザイン、②自分で石窯をつくることができない方々へのオーダーメイド施工、③体験施設や福祉作業所などに石窯を導入するさいの相談、④NPOなどによる地域おこしの場での石窯製作コーディネイト、⑤風土を生かした自然素材(自然石や粘土など)による石窯づくり……など。

〒229-0101　神奈川県相模原市相模湖町与瀬2011
http://www.ishigama-sudo.com
「石窯、ピザ窯ドットコム」
info@ishigama-sudo.com

石窯は天下御免の火遊び装置

デザイン――寺田有恒　ビレッジ・ハウス
イラストレーション――角 愼作
撮影――三宅 岳　大谷広樹
写真協力――樫山信也
取材・撮影協力――石窯製作室　㈱DHC文化事業部
ジャパン・ツリーハウス・ネットワーク
NPO法人 森と風のがっこう(黍原 豊 ほか)
NPO法人 篠原の里　相模湖リゾート㈱
パーマーカルチャーセンター・ジャパン　ほか
校正――霞 四郎

著者プロフィール

●須藤 章（すどう あきら）

1963年生まれ。東京・上野の「須藤石材店」の末裔。千葉大学園芸学部卒業。東京のパン屋「ルヴァン」を経て1992年、自家製酵母と国産小麦を使う石窯パン屋「草の実酵房」を設立。現在は畑（麦、野菜、果物）から製パンまで一貫して取り組む「すどう農園」を経営するかたわら、石窯のデザイン、設計、施工を担う「石窯製作室」を主宰。これまで全国各地の石窯づくりにかかわる。また、石窯の製作・利用の伝道者として各種体験施設などからの講師要請が多い。

石窯《いしがま》づくり 早《はや》わかり

2009年8月21日 第1刷発行
2013年3月27日 第2刷発行

著　　者――須藤《すどう》 章《あきら》

発 行 者――相場博也

発 行 所――株式会社 創森社
〒162-0805 東京都新宿区矢来町96-4
TEL 03-5228-2270　FAX 03-5228-2410
http://www.soshinsha-pub.com
振替00160-7-770406

組　　版――有限会社 天龍社

印刷製本――中央精版印刷株式会社

落丁・乱丁本はおとりかえします。定価は表紙カバーに表示してあります。

 ISBN978-4-88340-237-3 C2077

〝食・農・環境・社会〟の本

http://www.soshinsha-pub.com

創森社　〒162-0805 東京都新宿区矢来町96-4
TEL 03-5228-2270　FAX 03-5228-2410
＊定価（本体価格＋税）は変わる場合があります

農的小日本主義の勧め
篠原 孝 著　四六判２８８頁１８３５円

ミミズと土と有機農業
中村好男 著　Ａ５判１２８頁１６８０円

身土不二の探究
山下惣一 著　四六判２４０頁２１００円

炭やき教本～簡単窯から本格窯まで～
恩方一村逸品研究所 編　Ａ５判１７６頁２１００円

ブルーベリークッキング
日本ブルーベリー協会 編　Ａ５判１６４頁１６００円

有機農業の力
星 寛治 著　四六判２４０頁２１００円

家庭果樹ブルーベリー～育て方・楽しみ方～
日本ブルーベリー協会 編　Ａ５判１４８頁１５００円

エゴマ～つくり方・生かし方～
日本エゴマの会 編　Ａ５判１３２頁１６８０円

農的循環社会への道
篠原 孝 著　四六判３２８頁２１００円

炭焼紀行
三宅 岳 著　Ａ５判２２４頁２９４０円

農村から
丹野清志 著　Ａ５判３３６頁３０００円

台所と農業をつなぐ
大野和興 編　山形県長井市・レインボープラン推進協議会 著　Ａ５判２７２頁２０００円

雑穀が未来をつくる
国際雑穀食フォーラム 編　Ａ５判２８０頁２１００円

一汁二菜
境野米子 著　Ａ５判１２８頁１５００円

薪割り礼讃
深澤 光 著　Ａ５判２１６頁２５００円

熊と向き合う
栗栖浩司 著　Ａ５判１６０頁２０００円

立ち飲み酒
立ち飲み研究会 編　Ａ５判３５２頁１８９０円

土の文学への招待
南雲道雄 著　四六判２４０頁１８９０円

ワインとミルクで地域おこし
～岩手県葛巻町の挑戦～
鈴木重男 著　Ａ５判１７６頁２０００円

すぐにできるオイル缶炭やき術
溝口秀士 著　Ａ５判１１２頁１３００円

病と闘う食事
境野米子 著　Ａ５判２２４頁１８００円

百樹の森で
柿崎ヤス子 著　四六判２２４頁１５００円

ブルーベリー百科Ｑ＆Ａ
日本ブルーベリー協会 編　Ａ５判２２８頁２０００円

焚き火大全
吉長成恭・関根秀樹・中川重年 編　Ａ５判３５６頁２９４０円

納豆主義の生き方
斎藤茂太 著　四六判１６０頁１３６５円

つくって楽しむ炭アート
道祖土靖子 著　Ｂ５変型判８０頁１５７５円

豆腐屋さんの豆腐料理
山本久仁佳・山本成子 著　Ａ５判９６頁１３６５円

スプラウトレシピ～発芽を食べる育てる～
片岡芙佐子 著　Ａ５判９６頁１３６５円

玄米食 完全マニュアル
境野米子 著　Ａ５判９６頁１４００円

手づくり石窯ＢＯＯＫ
中川重年 編　Ａ５判１５２頁１５７５円

農のモノサシ
山下惣一 著　四六判２５６頁１６８０円

東京下町
小泉信一 著　四六判２８８頁１５７５円

豆屋さんの豆料理
長谷部美野子 著　Ａ５判１１２頁１３６５円

雑穀つぶつぶスイート
木幡 恵 著　Ａ５判１１２頁１４７０円

不耕起でよみがえる
岩澤信夫 著　Ａ５判２７６頁２３１０円

薪のある暮らし方
深澤 光 著　Ａ５判２０８頁２３１０円

菜の花エコ革命
藤井絢子・菜の花プロジェクトネットワーク 編著　四六判２７２頁１６８０円

市民農園のすすめ
千葉県市民農園協会 編著　Ａ５判１５６頁１６８０円

手づくりジャム・ジュース・デザート
井上節子 著　Ａ５判９６頁１３６５円

竹の魅力と活用
内村悦三 編　Ａ５判２２０頁２１００円

農家のためのインターネット活用術
まちむら交流きこう 編　竹森まりえ 著　Ａ５判１２８頁１４００円

実践事例 園芸福祉をはじめる
日本園芸福祉普及協会 編　Ａ５判２３６頁２０００円

〝食・農・環境・社会〟の本

http://www.soshinsha-pub.com

創森社　〒162-0805 東京都新宿区矢来町96-4
TEL 03-5228-2270　FAX 03-5228-2410
＊定価(本体価格＋税)は変わる場合があります

虫見板で豊かな田んぼへ
宇根 豊 著　Ａ５判１８０頁１４７０円

体にやさしい麻の実料理
赤星栄志・水間礼子 著　Ａ５判９６頁１４７０円

虫を食べる文化誌
梅谷献二 著　四六判３２４頁２５２０円

すぐにできるドラム缶炭やき術
杉浦銀治・広若剛士 監修　１３２頁１３６５円　Ａ５判

竹炭・竹酢液 つくり方生かし方
杉浦銀治ほか監修　日本竹炭竹酢液生産者協議会 編　Ａ５判２４４頁１８９０円

森の贈りもの
柿崎ヤス子 著　四六判２４８頁１５００円

竹垣デザイン実例集
古河 功 著　Ａ４変型判１６０頁３９９０円

タケ・ササ図鑑 ～種類・特徴・用途～
内村悦三 著　Ｂ６判２２４頁２５２０円

毎日おいしい 無発酵の雑穀パン
木幡 恵 著　Ａ５判１１２頁１４７０円

星かげ凍るとも ～農協運動あすへの証言～
島内義行 編著　四六判３１２頁２３１０円

里山保全の法制度・政策 ～循環型の社会システムをめざして～
関東弁護士会連合会 編著　Ｂ５判５５２頁５８８０円

自然農への道
川口由一 編著　Ａ５判２２８頁２０００円

素肌にやさしい手づくり化粧品
境野米子 著　Ａ５判１２８頁１４７０円

土の生きものと農業
中村好男 著　Ａ５判１０８頁１６８０円

ブルーベリー全書 ～品種・栽培・利用加工～
日本ブルーベリー協会 編　Ａ５判４１６頁３０００円

おいしい にんにく料理
佐野 房 著　Ａ５判９６頁１３６５円

竹・笹のある庭 ～観賞と植栽～
柴田昌三 著　Ａ４変型判１６０頁３９９０円

自然産業の世紀
アミタ持続可能経済研究所 著　Ａ５判２１６頁１８９０円

木と森にかかわる仕事
大成浩市 著　四六判２０８頁１４７０円

薪割り紀行
深澤 光 著　Ａ５判２０８頁２３１０円

協同組合入門 ～その仕組み・取り組み～
河野直践 編著　四六判２４０頁１４７０円

園芸福祉 実践の現場から
日本園芸福祉普及協会 編　Ｂ５変型判２４０頁２７３０円

自然栽培ひとすじに
木村秋則 著　Ａ５判１６４頁１６８０円

紀州備長炭の技と心
玉井又次 著　Ａ５判２１２頁２１００円

一人ひとりのマスコミ
小中陽太郎 著　四六判３２０頁１８９０円

育てて楽しむ ブルーベリー12か月
玉田孝人・福田 俊 著　Ａ５判９６頁１３６５円

炭・木竹酢液の用語事典
谷田貝光克 監修　木質炭化学会 編　Ａ５判３８４頁４２００円

園芸福祉入門
日本園芸福祉普及協会 編　Ａ５判２２８頁１６００円

全記録 炭鉱
鎌田 慧 著　四六判３６８頁１８９０円

食べ方で地球が変わる ～フードマイレージと食・農・環境～
山下惣一・鈴木宣弘・中田哲也 編著　Ａ５判１５２頁１６８０円

虫と人と本と
小西正泰 著　四六判５２４頁３５７０円

割り箸が地域と地球を救う
佐藤敬一・鹿住貴之 著　Ａ５判９６頁１０５０円

森の愉しみ
柿崎ヤス子 著　四六判２０８頁１５００円

園芸福祉 地域の活動から
日本園芸福祉普及協会 編　Ｂ５変型判１８４頁２７３０円

ほどほどに食っていける田舎暮らし術
今関知良 著　四六判２２４頁１４７０円

山里の食べもの誌
杉浦孝蔵 著　四六判２９２頁２１００円

緑のカーテンの育て方・楽しみ方
緑のカーテン応援団 編著　Ａ５判８４頁１０５０円

育てて楽しむ 雑穀 栽培・加工・利用
郷田和夫 著　Ａ５判１２０頁１４７０円

オーガニック・ガーデンのすすめ
曳地トシ・曳地義治 著　Ａ５判９６頁１４７０円

育てて楽しむ ユズ・柑橘 栽培・利用加工
音井 格 著　Ａ５判９６頁１４７０円